川北義則

Great Book Selection
川北義則の
名著シリーズ

福澤諭吉
学問のすゝめ

KKロングセラーズ

まえがき

とくに若い諸君に言いたい。いまこそ福澤諭吉を読んでほしい。生き方に関して「目からウロコ」になること確実だからだ。

明治という激動の時代を生きて、福澤諭吉ほど、日本のために偉大な足跡を残した人はいないだろう。「時代は人を産む」という。この時代、後世に語り継がれる人物が数多く輩出しているが、なかでも彼は傑出している。

「業績が……」ではない。業績なら西郷隆盛や大久保利通、あるいは伊藤博文や渋沢栄一でもよい。早くに亡くなった坂本龍馬や高杉晋作のほうが上かもしれない。福澤諭吉の優れたところは、彼が「生き方の達人」であったことだ。

明治のはじめに『学問のすゝめ』が出版された時、七十万部売れて、当時としては異例の大ベストセラーになった。ほかにも本を書いた人は大勢いるが、彼ほど売れた例はほかにない。なぜそんなに売れたのか。

身分制度のきびしい封建社会から、みんな平等の国民国家になって、つまり、世の中がひっくり返って、人々が生き方に迷っている時、「こんな風に生きたらいいよ」という指針を与えてくれたからだ。

福澤諭吉は外交的な男で、生涯におびただしい数の人間とつき合ったが、ただの一度もケンカ別れしたことがなかった。大分の貧乏武士の子に生まれ、生活は苦しかったが、ただの一度も「困った」と人に言ったことがなかった。

よき家庭を築いて九人の子をなしたが、ただの一人も欠けることなく、みんな健康のまま無事成長した。何度も政府の役人がやってきて、「国の中枢で働いてくれ」と依頼したが、すべて断って、私学の慶應義塾の経営に専念した。

ただし、民間の一私人としては、政府に可能な限り協力し、よい関係を保った。だが、「爵位をくれる」「勲章をくれる」という話にはついに乗ることがなかった。人とうまくやり、高い評価を得ながらも、彼は自由気まま、好きなように生きた。

誰もが望むような人生。そんな人生を彼はやすやすと手に入れたのだ。晩年に書いた自伝で彼はこう記している。「されば私は、自分の既往を顧みれば、遺憾なきのみか愉快なことばかりである」

『学問のすゝめ』には、どうすればそのような人生が送れるか、その秘密が書かれている。そのポイントになりそうな言葉をピックアップしたのが本書である。人づき合いで悩んでいる諸君、仕事が辛いと思っている諸君、人生の目標が見つからないでフラフラしている諸君には、本書がその解決策を教えてくれるにちがいない。

福澤諭吉は、生涯、「独立自尊」の精神を通し、それがいまの慶應義塾にも脈々と受けつがれている。私自身も慶應義塾で十年間教育を受け、その精神はいつの間にか身につき、それで一生を通してきたつもりだ。福澤諭吉という人物は、「偉大な」というより「すごい人」だったのである。そんな息吹を感じていただければ幸いである。

川北義則

CONTENTS

一、学問

二、行動

三、交際

四、人間関係

五、自由

六、自覚

七、金銭

八、不安

九、努力

十、覚悟

十一、親子

十二、独立自尊

一、学問

●「人みな平等」とは断定していない

「天は人の上に人を造らず、人の下に人を造らず」といへり。

福澤諭吉の名前は知らなくても、だれでも知っている有名な文句である。だが、ほとんどの人がまちがって理解している。ここに書いたように「いへり」がつくのだ。つまり現代語に訳せば「と言われている」がつづく。つまり、諭吉は無条件で「人間はみな平等だ」と言っているわけではない。

実際に世の中を見渡せば、富める者、貧しい者、頭の良いのや悪いのや、容貌一つとっても、美人もいればブスもいる。天が二物を与えた人間、逆に一つも与えてもらえなかった人間、いうなら格差、差別のオンパレードではないか。

とても、平等公平な世の中とはいえない。では天は人に平等を与えなかったのか。いや、与えてくれている。ただし、天が与えてくれた平等は「機会の平等」で「結果の平等」ではないのだ。これを間違ってはいけない。諭吉が『学問のすゝめ』を書き起こすにあたって、最初にこの文句を持ってきたのは、「そう言われているが……」という意味である。彼は人間の平等を「機会の平等」として捉えていた。

賢い人もいれば愚かな人もいる。貧しい人も金持ちもいる。社会的地位の高い人もいれば低い人もいる。このちがいはどうしてできたのか。「機会の平等」を活かしたかどうかによる。誰にでもチャンスはあるという意味だ。

馬鹿と利口の分かれ道はここ

賢人と愚人との別は、学ぶか学ばないかによる。

『学問のすゝめ』全編を通じて福澤諭吉が言いたかったことがこれ。といって、ふつうの親が言うように、ただ「勉強しろ」というのではない。机に向かって本を読む、塾へ通うばかりが勉強ではなく、その気になれば、世の中、どんなことからも勉強はできる。

人間には持って生まれた個性というものがある。それがよい形で現れる人と、逆にハンデとしか思えない場合とがある。だが、絶対に動かせない事実は、その人間が広い意味で、どんなことでも、学ぼうという気持ちを持っているかどうかなのだ。

学ぶ気さえあれば、机に向かって勉強しなくても、日常生活の中からいろいろなことを学べる。学べばそれは勉強したことなのだ。

『学問のすゝめ』で諭吉が言いたかったのはこのこと。誰もが学問と認めることを学ぶのもいいが、学問はそれだけではない。人は何事からでも学べる。だからいつどんなときも学ぶ姿勢だけは失っていけない。

自分は頭が良くないから……という人がよくいるが、その判断は学校型の勉強を指している。学校型の勉強は「学ぶ」ということから考えたら、ごくごく一部の能力でしかない。野球が下手でもサッカーは上手かもしれないではないか。語学がダメでも、数学が得意かもしれないではないか。

学問は後回しでいい

実用性のない学問は後回しにして、先に学ぶべきは、日常生活に役立つ学問である。

人間は死ぬまで一生勉強のようなものだが、いつ何を学ぶかで人生はかなり違ってくる。諭吉は「実学を優先しろ」と言っている。実用性のない学問は後回しにしろというのだ。これはちょっと現実にそぐわないと思う人がいるかもしれない。

まだまだこれから成長していく子供に「実学を教えるのは早い」というのがふつうの考え方だ。われわれは幼稚園から始まって、高校、大学を卒業するまで、日常生活の実学と関係ない勉強をさせられる。明治時代も似たようなものだった。

ひとり福澤諭吉だけは、実学から学び始めた。ここで言う実学とは、生活に役立つ知恵の習得ということである。末っ子の諭吉は母の手伝いをしながら、障子貼り、お使い、繕い物など日常生活に役立つ事柄をたくさん学んだ。

手習いを始めたのは十歳を過ぎてからである。学問を学びだして知ったのは、同輩たちが漢詩や四書五経は知っていても、下駄の鼻緒一つすげ替えられないことだった。

「なんだ、役に立たない連中だな」

いまでも、子供が学校の勉強さえしていれば喜び、家の手伝いなどさせない親が多いが、「それではダメだ」というのが諭吉の考え方だ。どっちがいいかは人によってちがうと思うが、子供をたくましく育てたければ、実学を重くみたほうが将来ためになる。

使えない学問は意味がない

学問の要は活用にあるのみ。
活用なき学問は無学に等し。

これには異論があるかもしれない。活用できない学問と言っても、そのときの話。先に行って活用できるかもしれない。過去にそういう例がいくらでもある。だから「無学に等しい」と切って捨てるのはいかがなものか、とも思う。

鹿児島県の知事が、教育委員が集まった会議で、「女子の高校教育で、三角関数など学んで何になる」と発言して、物議をかもした。福澤諭吉が生きていたら、この騒ぎをどう受け取っただろうか。

「そのとおりだ」と言ったのではないか。読み書きソロバンは必須にしても、三角関数など私も実生活で役立てたことはない。限られた時間で学ぶのなら、三角関数を学ぶ時間に日本の文化伝統を学んだほうが現実の生活には役立つだろう。

いまは男女同権がやたらに強調されて、男と女の学ぶ内容に差がない。古いことを言うようだが、男は剣道を必須科目にして、女子は裁縫を学ぶといった区別をしたほうが実利に叶うような気がする。

ただ、三角関数を学びたい人間の道も閉ざすべきではない。もっと選択の幅を広げればいいのだ。昔と違って多様性が尊ばれる社会だ。学んだことが実生活に役立ってこそ、学んだかいがあるというもの。この点で現在のカリキュラムは再考の余地があるのではないだろうか。

論語読みの論語知らず

『古事記』を暗唱できても、きょうの物価にうとい者は、日常生活すらろくにできない男と言うしかない。

テレビのクイズ番組で、驚くほど正解率の高いタレントがいて、「すごい、すごい」と賞賛されている。小学生で世界中の国旗を一目見てすべてを当てる子もみんなから褒められる。別に文句を言う気はないが、「それがどうした」とも言いたくなる。

勉強というものを勘違いしてはいないか。何のために私たちは学ぶのか。端的に言えば自分の人生に役立てるためである。もし、自分のよりよい生き方に何の役にも立たないなら、学ぶ必要なんかない。

だが世間には、勉強に専念して知識は山ほど持っているが、日常生活にはまるでうとい学者ほど「えらい先生」と崇める傾向がある。知識はあっても知恵のない人間なのだ。

知識がいっぱいの人物の中には、学問的なすごい業績をあげる者もいないではないが、数はごく少ない。大半はそれらしくふるまってカッコをつけているだけではないか。諭吉はそんな知識人を「穀潰《ごくつぶ》し」と呼んだ。彼はリアリストなのだ。

学問すればするほど、自分がいかに物を知らないかわかるものだ。わかれば謙虚にならざるを得ない。さらに研鑽《けんさん》を積んで世の中のために役立つ業績を残す。それができてはじめて本物の学者というものだ。「物知りのバカは無学のバカよりおバカさんですよ」（モリエール）。そんな馬鹿者にならないよう気をつけたい。

学んだことを発信していく

知識を詰め込むだけでなく、
人と議論し磨きをかけて、
多くの人に伝えてこそ真の学問なり。

昔の学問にはケチ臭いところがあった。一子相伝とか門外不出とか言って、核心を出し惜しみしたことだ。諭吉はそういう風潮をきらった。学問が停滞するからだ。

知っていることはどんどん教え、わからないことは遠慮なく聞く。そうやって切磋琢磨してこそ学問も発展、普及して世の中の役に立つ。

日本の伝統的な学問のあり方が、儒教をベースにした閉鎖型であったのに対して、諭吉は学問を開放的に捉えていた。そんな彼が学びつつ強調したのは、談論と演説だった。

きょう自分が新しいことを学んだら、それを仲間に伝え、また仲間の学んだことも聞く。そうすれば、知識は倍増する。さらにそれを学問を知らない人たちにも伝える。そうすれば、世の中全体のレベルが上がる。

それだけではない。談論や演説によって人に発信しようと努力することは、自ずと人にわからせようとする工夫になり、これが深い理解につながっていく。彼の勉強の仕方はそういうものだった。

あなたも自分の実力を高めたかったら、他人へ向けて発信してみることだ。その効果は想像以上に大きいことを実感するだろう。先頃、ノーベル賞に輝いた大村智氏のコメントに触れて、氏の業績に高校教師の経験が生きていると感じたのは私だけではあるまい。

「ヒマがない」を禁句にしろ

学問は米をつきながらでもできるものなり。

誰もが一度ならず口にする言葉。「したいけどヒマがない」。この言葉をわれわれは何度も使う。そして、これからも使うだろう。だが、この言葉は禁句にしたほうがいい。決してオーバーな物言いではなく、そのとおりなのだが、これほど非生産的な言葉はないからである。ものは考えようである。

何か新しいことをする場合、あなたはどんなふうに始めるだろうか。ヒマをもて余していて始める人は少ないのではないか。それをするために何かを犠牲にするか、寸暇を見つけて始める。生きていれば、時間は何かすることに埋まっているのが人生というものだ。

つまり「したいけどヒマがない」というのはまちがっているということ。したいけど時間がきついというときは、どうやればできるかを考えればいい。

諭吉は若い頃から勤勉な青年だったが、物事をいやいやながらした様子はない。どんなことも自ら率先して楽しみながらやっている。中にはやりたくないことをさせられたこともあるが、そういうときでもそのなかで楽しみを見つける努力をしている。

大切なのは「やる」と決めることだ。したいことならなおさらだろう。決めてから、どうすればできるかを考えても遅くはない。ヒマのできるのを待っていたら、永遠に新しいことには取り組めないと思うべきだ。

学問は世事もすべて含んでいる

世帯も学問なり、
帳合も学問なり、
時勢を察するもまた学問なり。

学問というと、「○○学」と専門をいう場合や、一般教養をいう場合もあるが、どっちにしても本を読み、誰かに教わって学ぶというイメージがある。だが、諭吉は学問を「何でも学ぶ姿勢」という広い意味に使っている。

だから世帯を持つのも、家計簿をつけるのも、新聞を読み、人の話を聞いて時代について考えるのも、すべて学問なのである。

何のために学問するのかといえば、より良い人生を送るためである。より良い人生とは、自分や家族がそれぞれの役割を果たしながら、自由に楽しく生きること、だれからも束縛されることなく、やりたいことをやりながら生きることである。それで一生通せれば、これほど幸せなことはない。

つまり学問はより良く生きるために活用されなければならないのだ。そういう学問は「○○学」を修めなくても、その気になればどんなことからも学べる。日常生活からも学べる。実際に諭吉は、子供の頃、武士の子なのに、下駄の鼻緒をすげ替えや障子張りもし、繕い物まで進んでやった。これも諭吉流の学問なのである。

「学問をするのは人格を磨くためだ」(スマイルズ)という考え方もあるが、人格は何事からでも学べるものだ。

二、行動

● とにかくやってみることだ

「人の読むものなら横文字でもなんでも
読みましょう」

諭吉が兄から「洋学を勉強してみる気はないか」とすすめられたときに答えたセリフ。たしかな考えあってのものではなく、その場の勢いのようなものだったが、日本を代表する啓蒙思想家・福澤諭吉の第一歩はこの返答から始まったと言ってもいい。

諭吉は勉強オクテで、手習いを始めたのは十二、三歳になってからだ。兄から洋学の話を持ちだされたとき、彼はアルファベットを見たこともなかった。ただ、強い向学心を持っていて、知らないことを覚えるのを面倒だとか、自分にできるかなどと余計なことは思わないタイプだった。

私たちは「何かしてみないか」と言われたとき、とっさにできるかできないかを考えてしまう。これはおかしくないか。やったことがないのだから、できるもできないもない。若いうちは、機会が訪れたら、とにかく「やってみよう」が正解だろう。やってからできるか、できないかの答えを出すべきだ。

チャンスというのは、こういうかたちで訪れる。諭吉がこのとき学び始めたのは蘭学だったが、それをマスターした頃、世の中はすでに英語に移っていた。彼はすぐに切り替え英語の猛勉強を始め、英語が彼の出世の糸口にもなった。もし兄のすすめを断っていたら、彼はどんな生涯を送っただろうか。

行動がなにより大切

人生活発の気力は、
物に接せざれば生じがたし。

人生は、化学反応のようなところがある。ある物質とある物質を混ぜあわせると、別の物質ができる。混ぜあわせなければいつまでたっても元のまま。人生もまったく同じ。じっとしていれば、どんなすごいことを考えても、現実は少しも変わらない。

生きていくために心臓も休みなく動いている。したがってわれわれも何か行動を始める必要がある。諭吉はそのことを言っている。事実、諭吉はパッと動く行動力があった。

気がついてない人が意外に多いようだが、積極的に行動しない人はたいていこのように考える。

「過去に失敗したことがあるから怖くてできない」

「いまはまだその時期ではない」

過去の失敗に懲りて怯《ひる》んでいるか、未来へ目が向くチャンスが来るのを待っている。一度フラれると、彼女が欲しくても気軽に声がかけられない。「こうしたい」という願望があっても、なかなか行動に移さない。そういう人に次の言葉を送りたい。

「過去にどんなことがあったかなど、あなたの『いま、ここ』には何の関係もないし、未来がどうであるかなど『いま、ここ』で考える問題ではない」（岸見一郎、古賀史健共著『嫌われる勇気』ダイヤモンド社刊より）

立ち止まってはいけない

進まざる者は必ず退《しりぞ》き、
退かざる者は必ず進む。

同じスタートを切っても、時間がたつにつれて大きな差がつく。塾で机を並べ成績を競い合った仲が、何十年かたつと、一方は会社社長の勝ち組に、もう一方は毎日職探しに明け暮れる負け組に。こういうことはよくある。

「オレのほうが成績よかったのに」

負け組は不思議がる。この二人の距離はどうして生じたのか。もともと、そんな大きな能力差があったわけではない。人間みんなそうで、ときどき、すごい天才が現れるが、九九%は似た者同士。チョボチョボのところで競い合っているのが現実だ。

差がつくのは、たゆまずに一歩一歩進んでいったか、どこかで立ち止まってしまったかの違いぐらいである。だが、そのときは何とも思わない。

「ここで、ちょっと休んだってどうってことない」

カメと競走したウサギの心境。だが、気力というのは、立ち止まるたびにガクンとレベルダウンする。持続させるのが難しい。一歩でも立ち止まれば、元のレベルに戻すのに、すごいエネルギーを必要とする。「継続は力なり」とはそのことを言っている。

電気はスイッチを切ったりつけたりするほうが、つけっぱなしよりもはるかにエネルギーを食う。そう覚えておくといい。

判断のモノサシはこれにつきる

物事の軽重は、
世の中に益あるか否かで決めればよい。

世の中に益があるかないか。判断のモノサシはこれが一番大切である。人が信頼されるのも、会社が儲かるのも、世の中の役に立つからで、そうでなければ、存在することが許されない。社会の仕組みはそうできている。

ところが、このことをよく理解できていない人がいる。「自由な世の中なんだから、法律に触れなきゃ、何やったっていいだろ」。こんな考えを平気で言い、またそれを実行する輩がいる。世の中の役に立たないことは意味がないともいえる。

ノーベル医学・生理学賞を受賞した大村智氏が記者から感想を聞かれ、「世のため人のためにとやってきたことが認めてもらえて嬉しい」と語った。大村さんは子供の頃、祖母から繰り返しそう言われていたそうだ。

ノーベル賞を目指すのも悪くはない。自分の栄誉が先に来るとしても、世のため人のためになるのもまちがいないからである。

中国に「拙速は巧緻にまさる」という有名な一句がある。巧みでゆっくりより、拙くても速いほうがいい……諭吉はこのタイプだった。しかし、どっちであれ軽重の判断は必要だ。「世の中に益あるか否か」は最高のモノサシといえる。長い人生、その判断でいけば間違いいない。

生きているかぎり、いつも向上心を持つ

一身の衣食住を得てこれに満足する者は、蟻の門人というべきなり。

アリとキリギリスの物語で知られるように、アリは勤勉でよく働いて住処を作り、食糧を備蓄して冬に備える。まことに立派である。人間の中にもアリと同じことをやって、それだけで満足してしまう人がいる。そんな人たちを諭吉は「蟻の門人」と呼んだ。アリが師という意味だ。たしかに生きることだけを考えれば、人間もアリを見習わなければいけないだろう。だが、それで満足してしまってはいけない。もしもそうならば、ただ生まれて死ぬだけの人生に終わる。人間として生まれてきた甲斐がない。

人間がみんなそんな生き方をしていたら、世の中は少しも進歩しない。先人たちがその程度で満足しないで、より生活を豊かにするなどの欲を持って、文明や文化を発展させてきたからこそ、便利な世の中になったのだ。

われわれも後世の人たちのために、世の中のためにいささかでも役に立つことをするべきだろう。それが生まれてきた者の使命である。一身独立は立派だが、それだけで満足していては人間として情けない。

衣食住を得ると言っても、「その実は路傍に棄てたるものを拾い取るがごときものなり。ゆえに人として自ら衣食住を給するは、難きことにあらず。この事をなせばとて、あえて誇るべきにあらず」。きびしいようだが、向上心を持って生きたい。

●言行一致こそ最大の信用である

心でどんな立派なことを思っていても、実行されなければ少しも誉めるに値しない。

立派なことを言う人はいくらでもいるが、立派な行いをする人は少ない。逆に言わないで立派なことをする人は目立たない。世の中に多いのは口先だけで立派なことを言って、実際には少しも実行しない人たちだ。

言行一致させることが、人から信用される最大の要素である。たとえば自分に関してマイナスのことを言っても、それが正しければその人は信用に値する。まともな人は意識しなくても、そういう理解をするものだ。

ときに騙され、「もう人間なんか信用できない」と人間不信に陥る人がよくいるが、そういう人の人間評価は言行のどちらか一方に片寄るからだ。言うこととやることの距離をしっかり見れば、そうやすやすと騙されるわけがない。

諭吉にはこんなエピソードがある。慶應義塾のためにある武家屋敷を購入する約束を取り付けた。だが先方にごたごたがあって、最初より安く手に入れる機会があった。先方もそれらしきことを匂わせた。だが諭吉は最初の値段で購入した。

こういう態度が信用される。駆け引きも時には必要だが、言行一致の範囲内に留める必要がある。あえて負けさせなかったわけを諭吉はこう述べている。「後で彼らがそこを通るたびに悔しい思いをするだろう。わざわざ人の怨みを買う必要はない」。さすがである。

時代にあったことができるか

事をなすには自ずと時がある。
時を得なければ、
どんなに力を持った人でも、
その力を十分に発揮できない。

時代とのめぐり合わせというものを諭吉は強く意識していた。田舎の貧乏な下級武士が、一国の要人と肩を並べるまでの実力者になれたのは時代のお陰と諭吉自身も思っていた。

この感覚は大切である。どんな素晴らしいアイデアでも、タイミングが悪ければ、実を結ばない。どんなに優れた能力の持ち主でも、時代に合わなければ、その他大勢の中に埋没するしかない。

戦国時代の英雄豪傑など、時代がずれていれば、単なる無法者で終わったかも知れない。短距離競走の天才ボルト選手だって、今日のようにスポーツ全盛の世でなければ、脚光を浴びることはなかっただろう。

いまがどんな時代であるかは、いろいろな角度から見ることができるが、サラリーマンに限って見れば、近未来は未曾有の職種消失の時代が来るだろう。だが、いまある仕事の大半がデジタルに取って代わられる。

むかし、産業革命で機械がどんどん進歩したとき、力仕事は機械に取って代わられ、人力に頼る多くの職種が消えた。同じことがいまサラリーマンの世界で起きている。これからの時代、どんな勉強をし、どんな能力を身につければいいか、よくよく考える必要がある。

志を高く、大望を目指せ

小さな安楽で満足するな。
農業を志すなら大農を目指せ。
商人になるなら大商人を目指せ。

人生はどんなふうになれば成功したといえるのだろうか。人によってずいぶん違うと思うが、諭吉の言い方を借りれば「一身独立」ができればまずは成功の部類に入れてよい。自分で働いて自分で食う。結婚して子供をもうけ、一家を養う。何らかの社会的使命を果たせている……だが、ここで満足してしまってはダメだと諭吉は言っている。

世の中の進歩ということを考えたら、望みはでっかく持たなければならない。自分で食っていくだけでは最低条件をクリアしたに過ぎない。

学問を志したのなら、大いに学問に励んで、後世に残るような実績を目指す。この志の高さが大切だという。実際にはいくら望んでも、努力を重ねても、自分の思い通りにはいかないことが多いだろう。

それは一向にかまわない。志に反して大失敗するかもしれない。それでもいい。志が高くないと、人間は向上できない。大望を口にする人間に「分相応でいいんじゃないか」と否定的なことを言う人も少なくない。

だが、そういう人間は小人なのだ。小人は閑居にして不善をなす。人生は坂道のようなもの。気を許しているとズルズルと後退する。そんな仲間になってはいけない。「人の大望をあしらう人間とは付き合わぬことだ。それが人間の常だから」(マーク・トウェイン)

三、交際

●こんな奴らとは仲よくするな

戯れに天下の事を談ずる者は、
わが輩の友にあらず。

どんなことも遊び半分にやっていいわけはないが、それと気づかず、ふざけた物言いをする人間がいる。自分では大真面目なつもりなのである。諭吉がここで「お前なんかオレの友達じゃない」と憤慨している人間は、ある種の役人たちである。

「無芸無能、僥倖によりて官途につき、みだりに給料を貪りて奢侈の資となし……」と前置きがついているのだ。

能無しがたまたま運よく公務員になれただけなのに、高い給料もらって自分は贅沢ざんまいに暮らしながら、偉そうに国や民のことを論じるな、と怒っているのだ。この役人のタイプはいまもいる。

日本人はお上に弱い。それだけ従順な国民性といえるが、それをいいことに役人たちが、自分勝手にうまい汁を吸ったりしている。そんな役人たちを国民が認めてしまうのも良くない。天下りにも国民が寛容すぎる。

口では役人の悪口を言っても、自分たちも利用できるところでは一緒になってうまい汁を吸ってしまう。庶民の側にも責任の一端はある。諭吉は「わが輩の友にあらず」と寄せ付けなかった。この心がけはいつの時代も必要である。

● 悪口を言うときはこの心得

他人を評するときは、その人に面と向かっても言える内容に留めるべきである。

人の悪口を言うときのルールがこれ。人と話をしていて、話の内容がそこにいない第三者に及ぶことがよくある。それが悪口めいた内容になることも少なくない。いわゆる欠席裁判のたぐいだ。

誰だって他人の悪口やうわさ話は好きだからだ。もしも、そのたぐいの話に一切かかわらなかったら、人とのコミュニケーションに差し支えるともいえる。「つまらないやつだ」「自分だけいい子になろうとしている」などと言われかねない。しかし、だからといって、他人の悪口に同調するのもよくない。

諭吉が言っているのはそれだ。いろいろな人間と幅広く付き合っていれば、どうしても他人を論じることになる。その場にいないのをいいことに、悪口を言うのは、良くないことだが、とかくありがちなこと。

そういうときはどうすればよいのか。

後日、当人から「お前、この間、こんなこと言ったんだって」と訊かれたとき「そうだよ」と悪びれずに言える範囲内で人を評する。このことを自分のルールにしておけば、気兼ねなく言いたいことも言えるし、あとの心配をする必要もなくなる。人間関係を良好に保つのに非常に役立つ考え方である。

朱に交われば赤くなるもの

血に交わりて赤くならぬこそ、
男子たるものの本領である。

朱に交われば赤くなる。このことわざを「そうだよなあ」と思う人間は意気地がない。大方はそうかもしれないが、もし好ましくないことだったら、「自分は染まらないぞ」と固く心に誓うべきではないか。諭吉はそのことを言っている。

諭吉の頃はまだ売春が禁止されていなかった。男のほとんどは遊郭に遊びに行った。諭吉は酒飲みだから、外でよく飲んだ。金がなければ、所持品を売っても酒代をひねり出す。酒と女はつきものだが、彼は女遊びだけはしなかった。

悪友たちは手を替え、品を替えて彼を遊郭遊びの世界に引きずり込もうとしたが、女を買うことだけはガンとして受付けなかった。といって、他人が遊ぶのをとやかく言うこともなかった。これが諭吉の流儀なのである。

人が自己責任で何をやろうと、法律に触れないことなら口を挟まない。だが、自分が「こうだ」と固く思う生き方には一切口を挟ませない。彼は交際範囲の広い男だったが、この原則だけは守りぬいた。

朱に交われば赤くなるから、むやみに交際範囲を広げないほうがいい。これが常識的な生き方だが、彼は自分が「これはやらない」と思うことには断固染まらない自信があったから、だれとでも気軽に付き合った。そうやってチャンスを掴んだのだ。

他人とどうつき合っていくか

誠を尽くして人と交わる。
それでもいいやといえば、
交わってくれなくてもよろしい。

自分の交際範囲というのは、広いようで意外に狭いものである。サラリーマンの付き合いは、会社関係を中心に、その周辺の人脈に限られる。「いろいろな人と付き合いたい」という気持ちがあっても、限られた中で毎日が終わってしまう。

いまはネットの付き合いという新しい人間関係が生まれたが、ネットだけの友だち関係は、ふつうの友だち関係の中に私は加えていない。あちこちのネット友だちと付き合い、返事が遅いと文句を言われたりする。そんな友だち付き合いの何がいいのか、私にはわからない。諭吉の時代はネットなどなかった。友だちは会って付き合うものだった。そんな彼は誰彼なく、「交際範囲をもっと広げろ」「どんな人間とも分けへだてなく付き合ってみろ」「そのためには手段は選ぶな」とすすめている。

きのう一杯飲み屋で知り合ったばかりの男に、きょう道端で急病になった自分が助けられることだってあり得るじゃないか、とまで言っている。そんな彼の心の中は、自分はトコトン誠意を尽くして付き合う。だが、それでダメなら深追いはしない。縁がなかったとあきらめる。

あきらめて相手のことを恨んだりしない。カラリとした人間関係。人には「類友の法則」が働く。こっちがカラリとしていれば、同タイプが集まって、良い人間関係が築ける。

毛嫌いすれば世間を狭くする

人にして人を毛嫌いするなかれ。

毛嫌いとは根拠もなく感情的に人を嫌うことだ。「自分はそんな毛嫌いなんてしたことはない」という人が多いと思うが、意外に自覚なしに人はしているものである。

自分の胸に手を当ててみればそれはわかる。どんな人にも苦手タイプというのがあると思う。たとえば声のでかい人間とか、人の話を遮ってよくしゃべる奴とか、中には「医者が嫌い」とか、職業を聞いただけで拒否反応を示したりする。

だが、そういう形で自分の感情を許してしまうと、世間を狭くする。「毛嫌いがいっぱいあるわけではないからいいじゃないか」と思う人もいるだろうが、それは違う。人生のチャンスは、そういうところに潜んでいることもある。そのことを諭吉はこんなふうに表現している。

「今日世間に知己朋友の多きは、差し向きの便利にあらずや。先年宮の渡しに同船したる人を、今日銀座の往来に見かけて、双方図らず便利を得ることあり。今年出入りの八百屋が、来年奥州街道の旅籠屋にて、腹痛の介抱してくれることもあらん」

まったくそのとおりである。人との付き合いというのは、煩わしいことも少なくない。だが、どんなに頑張っても、私たちは他人との接触なしには暮らせない。積極的に交際範囲を広げておくほうがいい。毛嫌いは人嫌いの始まりである。

● 人間関係に執着しない

ほめられてもさほど喜ばず、
わるく言われてもさほど腹を立てない。
気が合わねば遠く離れて付き合わぬだけ。

人と付き合っていれば、意見が合わないことも起きてくるが、そこで喧嘩別れしないことも大切な人間交際術である。ほめられても、あまり喜ばないというのは、ちょっと可愛げがないが、わるく言われても怒らないよう努める前提としてはやむを得ない。

ふつうは逆をやってしまうものだ。ほめられると手放しで喜び、いやなことを言われると、すぐに本気で怒る。それが人間自然の感情だと思っている。確かにその通りなのだが、天然自然に起こる感情通りの反応ではうまくいかないことが多い。

中には、自分のふるまいを思い返して、「自分はけっこう諭吉が言う通りにしている」と感じる人がいるかもしれない。とくに怒るほうは「けっこう我慢している」と。ではそんなあなたは人と喧嘩別れしたことが一度もないか。

驚くべきことに諭吉は生涯に一度も喧嘩別れしたことがないと言っているのだ。「生来六十余年の間に、知る人の数は何千も何万もあるその中で、誰と喧嘩したことも義絶したこともないのが面白い」（自伝より）

それができたのは、諭吉が他人との関係に必要以上の執着心を持たなかったことが大きい。決して相手を嫌うのではなく、どんな考え方、生き方の人間も尊重したのだ。この態度は大いに学び、とり入れるべきではないか。

およそ人間の交際は売り言葉に買い言葉。

これは真実を突いた言葉だ。身も蓋もないようだが、人の心の中を覗いてみれば、すぐ理解できることである。道端で知人と顔を合わせる。

「この人、ちょっと見ない間に老けたなあ。病気でもしたのか」

むろん口には出さない。相手のほうはどうか。

「いつもパリッとした服装しているのに、今日はだらしないな。貧乏しているのかな」

こんな二人が表面上はこんな会話を交わす。

「やあ、いつ見てもお元気そうで」

「あなたこそ。ずいぶん景気良さそうですね」

もし本音をぶつけ合ったらこの二人の人間関係はおしまいだろう。だが人間の本音というものは、元来きついもので、その意味では、諭吉の言う通り、人間関係は売り言葉に買い言葉のようなものである。

もし、何かの拍子に相手が売り言葉を放ったら、どうしたらよいか。その人との人間関係がどうなってもいいと思うなら買う手もあるが、諭吉が生涯を通じてとった作戦は違うものだった。彼はつねにこういう受け止め方をして正面衝突を避けた。

「なるほど、そういう考え方もあるのか」。容認せずに、斜めに受けてすり抜けるのだ。

ありがたた迷惑な人がいるとき

行動活発にして判断力に欠ける者は、
役に立たないどころか
害をなすことのほうが多い。

人間関係で一番気をつけなければいけないのがこれである。自分では相手に「してあげている」と思い込んでいるが、受ける方は迷惑に思っている。こういうことがよくある。行動力はあるが、判断力がイマイチな人間がよく犯す過ちだ。やっていることがいかに正しくても、周囲の者にとって迷惑でしかない。それがわからないのは、判断力に欠けるからだが、こんな行動は自分勝手な人間によく見られる。

たとえば、みんなで楽しんでいる宴会の席で、急に真面目な話を始めてその場をしらけさせたり、勝手に違う話題をもち出したりするような人。そういう人に限って他人の迷惑に鈍感なのだ。こういうタイプの人たちはどこがいけないのか。自分の身勝手さに気づかない鈍感さにつきる。

こんな人間たちを諭吉は「蒸気に機関なきがごとく、船に舵なきがごとし」と言った。もし自分が人のために一生懸命尽くしているのに、嫌われ敬遠されるようだったら、この視点から反省してみるといい。

自分が善意で始めたことだから、当然に相手も喜んでくれると思いがちだ。だが、人の心はさまざま。自分の思いは簡単に相手に通じるとは限らない。善意だろうと、正しかろうと、相手にわかってもらうためには、そのこととは別の努力が必要なのである。

四、人間関係

人当たりのいい第一印象が大切

顔色容貌を快くして、一見、直ちに人に厭わるることなきを要す。顔色容貌の活発愉快なるは、人間交際においてもっとも大切なるものなり。

初対面で人と会ったとき、第一印象は大切である。この最初の印象は人間関係で大きな要素になる。第一印象が悪いと、つき合うようになっても、尾を引く。そして、これがしばしば当たっているから困る。

諭吉が言っているのは単純なことだ。人の顔は家の門口のようなもの。広く人とつき合いたいと思うなら、門の前をきれいに掃除して、打ち水もして、人が気持ちよく訪れやすいようにすべきだと言う。

顔色や容貌を生き生き明るく見せることは、人間としての基本的なモラルである。ところがわが国には、苦虫嚙み潰したように無愛想なのが素朴ないい人で、逆に最初から人当たりのいい人物は軽く見られがちである。

「巧言令色少なし仁」

口先のうまい奴ほど心の内はいい加減。この考えを顔に移動したのが第一印象なんかどうでもいい、という考えにつながっていく。しかし、よほどのモノ好き以外は玄関や入口の汚い家には近寄りたくない。いかめしい門構えの家の玄関もそうではないか。いつも明るく生き生きしているのが大切だと説く。

「第一印象をつくるチャンスは二度とないわ」（ココ・シャネル）

なぜ人から嫌われるのか

人付き合いで大切なのは、和す気持ちと真心、あとは全て付け足しである。

自分が人から嫌われるのを気にする人がいる。そういう人は自業自得に気づくべきだ。「人に嫌われたくない」という思いが、そういう結果を招いているからだ。

考えてみれば世の中にはいろいろな人がいるのに、全員、誰からも好かれるような人がいるだろうか。もしいたら、錯覚と誤解に基づく。めいめいが勝手に思い描いた「その人像」を気に入っているのであって、本当に理解された姿ではない。

人気商売はそれでいいだろうが、まともな人間づきあいがそれでは困る。みんなに好かれようと思うから、だれからも嫌われる。八方美人ではダメなのだ。ではどうすれば、人から嫌われない人間になれるか。

簡単なことで、人付き合いの基本を守ればいいのだ。誠実に真心を持って付き合う。そして「嫌われたくない」という気持ちを捨てること。人が人を評価するのは、むしろ、その人の欠点を評価したときなのだ。それを諭吉は次のように表現している。

「多言なれどほどよき人、騒々しけれど憎からぬ人、無言なれど親切らしき人、こわいようだがあっさりした人と言われるようであればよい。これすべて和して真率（真心を込める）であった結果である」。

自分の欠点と見えることより先に、自分の長所のあることを理解してもらえばいい。

●誰とでも淡白につきあうのがいい

人間はいつどこでどうなるとも限らない。人との交際はできるだけ広げておいたほうがいい。

意識していたとは思えないが、諭吉は子供の頃から、人当たりがよかったらしい。だれとでも付き合える人は少ない。だが、彼はだれとでも付き合い、よくしゃべり世話を焼き、それでいて、誰もが巻き込まれる人間トラブルにもうまく対処できた。人間交際の達人と言っていい。

ただ、一つ彼の人付き合いには、大きな特徴があった。どんな付き合いでも、一定の距離を保って、トコトン深入りすることがなかった点である。気に入ったからといって、四六時中一緒にいるということがない。つきあい方が淡白といえる。

これは見習うべき点ではないか。いつの世でも人間関係で悩む人は少なくない。とくに職場の人間関係では多くの人が悩まされる。上司との仲がうまくいかないと、仕事にも影響してくる。この解決策は、結局、広く浅く上手につき合う、ということしかない。こちらから選べる人間関係ではないからだ。

ではどうするか。人付き合いを「人生の保険」と考えればいい。少なくとも諭吉はそういう意識をもっていた。したがって「交際範囲を広げろ」としきりに勧めている。実際に彼はそうやって人生を切り開いてきた。人付き合いは保険なのである。

● 言葉はわかりやすく相手に伝わるように

わが思うところを人に知らしむるには、
言葉のほかに有力なるものなし。
ゆえに言葉は、なるたけ流暢にして、
活発ならざるべからず。

言葉を粗末に扱ってはダメだということ。このことを諭吉は『学問のすゝめ』の中で口を酸っぱくして言っている。諭吉によれば、言葉を大切に思い、活発に使うとは、単にしゃべる書くというのではなく、相手に伝わるようにしろということだ。

これは当時の知識階級が持ち合わせない考え方だった。徳川三百年を儒教中心の学問でやってきた学者連中は「お前らにはどうせわからんだろうが……」という態度の者が多かった。サービス精神などはじめからないのである。

諭吉はこんな例をあげている。学校の先生が生徒に翻訳書の講義をするとき、訳書に「円い水晶の玉」とあれば、そのまま「円い水晶の玉」というだけだ。だが、それではダメだと諭吉は言う。

水晶というのはガラスのような鉱物で、わが国でも甲州の山でよく取れる。それを団子状にしたのが水晶玉だ。こんなふうに説明すれば、どんなものかよくわかるし、授業も面白くなる。それができないのは、わからせようという気があまりないからだ。

相手にわからせる気持ちを持てば、教わるほうもよくわかって楽しい。教えるほうも表現手段の訓練になり、説得力を身につけられる。「巧言令色鮮し仁」は一面の正しさであって、それで事足れりではないということ。諭吉の指摘は現代人にもそのまま当てはまる。

老若混在社会を目指すべきだ

年若くしてはつとめて老人と交われ。
老いてはつとめて若い仲間と語り合え。

これはいつの世でも貴重なアドバイスだ。いまの若者たちは同世代とばかり付き合っている。彼らが悪いわけではなく、教育システムがそうなっているうえ、核家族化と地域社会との関わりが薄くなったことも影響している。

だが、同世代とばかり付き合っていると、視野が広がらない。世の中がどんなものかわからないまま大人になってしまう。世の中を知るには、様々な年代の人々と付き合うことが何より大切である。

私が育った時代は、おじいさん、おばあさんのいる三世代家族が多かったし、近所のおじさん、おばさんとも会話を交わした。若者にとって老人はお説教されそうで煙たい存在ではあったが、まったく接触がないということはなかった。

オランダには、大学生なら家賃タダで住める老人ホームがあるそうだ。ただし毎月三十時間、老人と一緒に過ごすことが条件。一日一時間だ。テレビを見たり、ちょっとした手伝いをするだけでいい。百六十人収容のそのホームには六人の大学生が住んでいる。

高齢者のために設けられた仕組みだが、若者のほうも高齢者に接することで、よい刺激を得ているはずだ。このような試みはなかなかいいと思う。老人ホームに限らない。若者はもっと高齢者と、高齢者はもっと若者と交流する努力をしたいものだ。

私情で公平を欠いてはいけない

他人と他人との付き合いに
情実を用ゆべからず。

誤解されやすい言葉である。うっかりすると、他人との関係に「人情を挟むな」と受け取れる。情実というのは、人情のことではない。「私情を挟んで公平を欠くこと」である。つまり、どんなときも公平を欠いてはいけない、という意味である。

交通違反で捕まえた相手が顔見知りだった。違反の中身も軽い。そこで見逃してしまうのが「情実を用いる」ということだ。親子の間柄でも、こんなことは許すべきでない。

だが、現実にこういうことはかなり頻繁に起きている。最近はそうした事例がよく目につく。大企業が起こす不祥事がそうだ。フォルクスワーゲンの排ガス不正問題しかり、東芝の不正会計問題しかり、旭化成の杭打ち不正問題しかり……である。

こんな大掛かりな不正を、一部であれ社内の人間が知らぬはずがない。だが、自分の会社ということで、見逃してきた。だから長い間発覚せずに、それだけ不正がより大きくなった。情実が絡むとどんな問題も悪い結果が際限なく拡大する。

だが、情実は想像以上に世の中に広がっている。ワイロというのは情実の小道具である。だが、インターネットの社会になって、世の中は一変した。個人が大組織と変わらぬ発信力を持つようになったことで、情実による不正が通用しなくなった。上に立つ者は、このことを肝に銘じる必要がある。

つねに新しい友を求めよ

人と交わらんとするには、
旧友を忘れざるのみならず、
新友を求めざるべからず。

自分の友だちを他人に紹介するとき、「むかしからの友達なんだ」「幼なじみだ」などと、付き合いの長いことを暗に知らせることがある。

だが、よく考えて見れば、そういう友だちとはそんなに頻繁に付き合っていない。ごくたまに会うのが普通だろう。よい人間関係を作りたいと思うなら、つねに新しい友を求めるべきだと諭吉は考えていた。

この考え方は見習ったほうがいい。なんといっても諭吉は、人間関係の達人なのである。彼の人生は豊富な人間関係によって築かれた。彼はどんな人間とでも付き合い、一度もケンカ別れしたことがないと豪語している。

これは単に彼が外交的なタイプで人間好きだったという問題ではない。人生の成功には新しい人間関係が絶対に必要だということがわかっていたのだ。なぜか。諭吉はこう言う。「人を知り、人に知らるるの始原は、多くこの辺にあって存するものなり」

新入社員に先輩社員がよくするアドバイスに「一日名刺一箱配ってこい」というのがある。名刺は原則として新しい人間にだけ配るもの。毎日、新しい人間に大勢会うことはビジネスのイロハなのだ。一年の終わりに「今年はどれだけ新友を得たか」と振り返るのもいいことではないか。

●いつどこでも人を呼び捨てにしない

私は少年時代から
人を呼び捨てにしたことがない。

人間関係を良くしたいと思ったら、これはぜひ実行したほうがいい。人間関係での失敗が激減するはずだ。

良好だった人間関係が急に悪くなったり、自分に思い当たることがなくて、戸惑うという経験を誰もが一度や二度はしたことがあるはずだ。

どんなことにも原因がある。とくに人間関係は複雑だから、自分で気をつけていても、知らないうちに相手を傷つけたり、怒らせたりしているかもしれない。

こちらにまったく悪意がなくてもそれは起きる。この過失から救ってくれるのが、人を呼び捨てにしないことなのだ。

親しい人間には呼び捨てのほうがフレンドリーな感じを与える。さんづけは「他人行儀でいやだ」という人もいる。プライベートはそうかもしれない。だが仕事の世界では絶対に呼び捨てにしないほうがいい。自分の会社内でもだ。

多少距離感が出るが、他人との付き合いは、むしろそれくらいのほうがいい。いちいち「この人には敬語を使うべきか」「呼び捨てにしてもいいかな」などと考えるほうが面倒だろう。人を呼び捨てにしないだけでも人生は変わる。

すべての人を「さん」づけで呼んでいる会社もある。見習ってもいいことだ。

腹が立ったときどうするか

少年の時分から老年の今日に至るまで、
私の手は怒りに乗じて
人の身体に触れたことはない。

これは驚異的なことではないだろうか。諭吉の人柄、処世術はそういうものだった。例えば議論をする。意見が対立したとき、相手の言い方や態度で、腹の立つときもあるはずだ。そういうとき彼はどうしたか。

腹を立てるかわりに「ああ、そういう意見もあるのだ」と受け止めて身をかわしてしまうのだ。正面からぶつかることを避ける。なぜかといえば、ぶつかって勝っても負けても、それほど意味がないと思っていたからだ。

勝てばこっちの気持ちはすっきりするが、遺恨を残すかもしれない。それでは人間関係がまずくなる。といって彼には相手に迎合する気はまったくない。こんな場合、どうすればいいのか。穏やかに対立を乗り切るには、正面衝突をしなければいいのである。

その方法を彼は発見した。あるとき漢書を読んでいて「喜怒色に顕さず」の一句に出会い、ハッとしたそうだ。「これはすごい金言である」。以後ずっと頭の片隅において、実践してきたのだという。

喜怒哀楽の感情は誰にでもあるが、コントロールを間違えると人生を狂わせる。カッとして人生を棒にふった人もいる。そこで諭吉はどんな感情もストレートに出さないように心がけた。この効果がいかにすごいものかは、この言葉が余すところなく語っている。

五、自由

自分の楽しみが迷惑になっていないか

他人の楽しみを奪って、
わが楽しみとするな。

この言葉には「わが楽しむべきところのものは、他人もまたこれを楽しむがゆえに……」と前置きがついている。自分が楽しもうとするとき、その行いが他人の楽しみを奪わないか、考えてみる必要がある、ということ。

たとえば、バイクに乗るのは自由だが、夜中にやかましい音を響かせるのは、明らかに他人の睡眠のじゃまになる。このように他人の楽しみを奪って、自分だけ楽しもうとすることはよくない……。

人に言われなくても、「そんなことわかっている」と言うかもしれないが、自由が保証された国民国家というのは、自分では気づかずに、とかくこの種の迷惑行為をしてしまうものだ。

企業が金儲けのために物をつくるのは自由だが、その行為が結果的に自然破壊につながれば、社会全体が迷惑を被る。好きな女の子の後を追いかけるのは自由だが、相手に恐怖を感じさせれば、とんだ迷惑行為、ストーカーともいわれる。

自分が楽しもうとするとき、他人の迷惑になっていないか、そこを点検することを忘れてはいけない。せっかくの楽しみを削がれる気分かもしれないが、これは仕方がない。自由であるためには不自由も引き受けなければならない。

自由とわがままはどう違うか

自由と我儘《わがまま》の別は、他人の妨げになるかならないかにかかっている。

他人の妨げになればわがままだが、妨げにならなければわがままではない。何でも自由にやってよろしいということ。いまの世の中、法律や規則に触れなければ、「何をやっても自由だ」といった雰囲気がある。

だが、そう単純に考えてはいけない。他人の妨げとは何か。人に迷惑をかけないことが何より重要なのだ。自由には責任や義務がつきまとう。それがまるでわかってない人間が多すぎないか。

そんな連中がよく口にするのが、「法律に触れなければ何やってもいいだろ」というセリフ。とんでもないことである。それこそわがままの極みではないか。

いくら法律に触れなくても、他人が迷惑するようなこと、他人がやろうとしていることの妨げになることはしてはいけない。といって、何が他人の妨げになるのか、複雑な世の中ではなかなか簡単にわからない。

一番いいのは、自分に置き換えてみることだ。こんなことを人からされたら自分は嫌だ、迷惑だ、やめてほしいと思うことがあるはず。そんなことを他人にしてはいけないのだ。そこを基準にして、すべての言動に責任を持つことである。

いばるからいばられるのだ

下に向かっていばれば、上からいばられる。

誰でもときどきいばりたくなるときがあると思う。例えば滅多に人ができないことをうまく成し遂げたようなとき、「どうだ！」と胸を張りたい。そういうときは大いにいばってかまわない。どんなにいばっても、みんな納得し賞賛してくれる。

だが、こういう微笑ましいいばり方のほかに、じつにいやらしいいばり方がある。よく見かけるこんないばり方がある。自分よりも地位が下の者、弱い立場の者、反抗しにくい立場の人間を相手に、無理難題をふっかけるようないばり方である。

会社の上司が部下にいばるのがその典型。たしかにビジネスの世界には上下関係があるが、それは仕事上のことで、部長がヒラにいばる根拠などどこにもない。なのに、なぜか下に向かっていばり散らす人間がいる。

そういう人間はまた必ず上からいばられる。なぜか。下にしかいばれない人間は、上にはへつらうのが常だからだ。へつらうということは、「いばってください」と催促するようなもの。だからいばられて当然といえる。

本当に力のある人間はいばらない。いばる必要がないからだ。いばる人間は自分に自信がない心の弱い人間なのだ。いばることで自分の存在感を確かめずにいられない。だが、いばればいばるほど、自分を下げる。それに気づかない。いばる人間はバカでもある。

● 実例で説得するのが、いちばんいい

百回説得するより、
一回実例を示すほうが早い。

やってみせることが何より大切ということ。子どもに「部屋を片付けなさい」と言ってもなかなか片付けない。親が一回片付けてみせれば、子供もきちんと整理された部屋の気持ち良さを理解でき、自分からやるようになる。

物事をやらせるには、命じるよりも「こうしたほうがいいよ」と諭したほうが身につく。命じるのは手っ取り早いようで、次もまた命令しなければやらない。また、諭すだけでは、聞き流してやらないことも多いから、自ら手本を示す必要がある。

諭吉が私学の慶應義塾を設立したのは、学問教育の使命は国にあるばかりでなく、国民も自ら国に頼ることなく、自分たちで学校をつくり思い通りにやるべきだ。そうでなければ、一番大切な学問の自由が保てない、と考えたからである。

人はいつも手本を欲しがっている。無意識に「あの人のようになりたい」というロールモデルを選び、成長の糧にしている。いまは時代変化がめまぐるしいので、「ロールモデルなんかいらない」という考え方もあるが、それはちがうだろう。

人は、自分自身よりも優れたモノサシやお手本に巡りあってこそ成長も変化もできる。お手本の示せない人が上に立っても良い指導者にはなれない。子供の教育や部下の指導で悩んでいる人は、この言葉を心に留めておくといい。

人から当てにされる人間になれ

かりそめにも人から当てにせらるる
人であらざれば、
なんの用にも立たぬものなり。

きびしい指摘であるが、まったくそのとおりだ。力があるのに、重要な仕事を任せてもらえない人がいる。世の中で役に立つ人間として生きていくには、人から当てにされる人間になりなさい、ということ。では当てにされるにはどうすればいいのか。

「人望を得ることだ」と諭吉は言っている。いくら力があっても、人望がなければ人から当てにされず、活躍する機会すら訪れない。優れた実力を持ちながら、発揮する場を与えられない人は人望に欠けているからだ。

人望は社会的地位が高いとか、金持ちであるから得られるものでもない。地位が低くても、カネなどなくても、「あの人なら安心して頼める」と周囲が思えば、当てにされる人間になれる。

人望は力量や財産で決まるものではなく、その人の才能、知恵の活発な働きと正直な道徳心によって少しずつ得られる……これが諭吉の考え方である。

世間には「当てにされる人」になるためのアドバイスがいっぱいあるが、真に当てにされたければ、たったひとつのことを守ればよい。それは正直さだ。良くも悪くも正直である人間くらい当てにできる人間はいない。当てにされるとは頼られること。頼られることは善なのである。

自分をＰＲしてなにが悪いのか

栄誉人望はこれを求むべきものか。しかり、勉めて求めざるべからず。

「ざるべからず」とは、「そうしなければいけないよ」という意味である。日本人には謙譲の美徳があって、ふつう人は自分から売り込んだりはしないものだ。万事、控えめがよくて、出しゃばると「自己ＰＲがすぎる」などと批判の目が向けられる。

日本人の心情として、控えめでも「わかってもらえる」という気持ちがある。だが、実際はなかなか理解されない。少なくとも「自分」を知ってもらわなければ始まらない。そのためには自分から動くしかない。人から賞賛されようとか、栄誉を得ようとするのは、悪いことではないのだから、どんどんやればいいと諭吉は言う。

それを「低俗な人間」だとか、「何もそこまでして……」と批判する人たちは放っておけばよい。彼らだって、本当は出世したくてウズウズしているのに、自己ＰＲする勇気がなくて、他人の悪口ばかりを言うのだ。

これは正直ではない態度だ。他人を欺くだけでなく、自分自身をも偽っている。欲しいものを欲しいと言ってなぜいけないのか。「もっと正直になれよ」。諭吉はこの言葉でそう言っている。サラリーマンにとって昇進は栄誉である。だが栄誉が欲しいのではなく、自分の真の価値を認めてもらいたい、など恰好をつける。栄誉を求めて何が悪いのか。人間を俗物扱いするのは、一面的な見方でしかない。

まず自国語の発信力が大切だ

用いて不自由なき言葉を、
用いずして不自由するは、
演説を学ばざるの罪なり。

英語を社内公用語にした有名企業がいくつかあるが、うまく行っているという話はあまり聞かない。当たり前だろう。外国と付き合うには英語だ、中国語だという連中は、大きな誤解をしている。一面的な見方ではないか。

重要なのは語学ではない。言葉による発信力、自分の考えを交渉の場でどこまで相手に正確に伝えられるかだ。そのために大切なのは母国語をどこまで使いこなせるか、つまり表現力が問題なのだ。

鎖国の夢から覚めた明治時代、英語やオランダ語を喋れるようになった人々が、外国人とうまく渡り合えたのは、日本語の基礎がしっかりしていたからだ。だが、それでも彼らは発信力では苦労した。議論や演説が苦手だったからだ。

諭吉は実に冷静沈着に事態を観察していた。外国語に堪能になったがゆえに、逆に母国語の大切さを痛感したのだろう。その彼がしきりに説いたのが「談論、演説の才を磨け」ということだった。

この事情はいまも少しも変わらない。人前で自己を主張する演説など、いまでも進んでやる人間はめったにいない。そのせいでいわれなき誤解も受ける。主張すべきことはどんどん主張せよと諭吉は言う。

愚かな国民は自業自得だ

愚民の上には苛酷な政府がある。
良民の上には良い政府がある。

これはものの道理である。同じ人間がやることだから、自分をふりかえってみれば、国を動かす連中が、どんな考えを持っているかおよそ見当はつく。

国民の質が悪くて、国が乱れれば、政府は強権的な態度に出ざるをえない。これは政府がわるいのではなく、おろかな国民が自ら招いた災いである。いつでもその国の政府の水準は、そのときの国民の水準と同レベルである。

国民がしっかり学んで正しい生き方をするようになれば、それに見合った政府となり、法律も寛大になる。封建の昔はいざしらず、国民が主役の国家になって、国民を苛酷に扱う政府などない。

大切なことは、しっかり学んで広い知識を得て、それぞれの能力や立場に見合った職分(使命)を果たすこと……実に健康的な考え方である。この態度はそっくり個人の人間関係にも応用できる。

日頃から良い友人に恵まれないと感じているなら、まず、自分の言動を点検してみることだ。多くの場合、相手の態度は、自分の態度の反映なのだ。

「人付き合いの上手な人は、相手の心の状況で眺めるという特技を備えている」(J・マーフィー)

六、自覚

●孔子でも間違うことがある

「民は依らしむべし、知らしむべからず」とは孔子様の流儀だが、この考え方はまちがっている。

孔子の生きた時代は、二千年も前のこと。国民国家の時代ではないから、力で統治する必要があった。しかし、権力者といえども、民衆がいなければ国が成り立たない。民とは敵対するのではなく、従ってもらう必要がある。

そのためにとった方法が、アメとムチで従わせることだった。だが、明治以後の日本は曲がりなりにも国民国家。孔子の時代に通用したやり方はもう通用しない。諭吉はそのことを強く指摘した。

というのは江戸時代の日本が一貫して儒学の考え方で治められてきたから。諸藩がなくなっても、明治政府がその代わりになるのでは意味がない。諭吉は声を大にして「国民が主役だ」と訴えた。

人の上に立つ資格を持つ人間など千人に一人くらいのものだ。人口百万人の国で智者は千人。その千人の智者がみんな立派で、良い政治を行えば、民は満足するが、それでは政治に関心を持たない依頼心の強い民になってしまう。

そんな国に戦争のような危機が迫っても、民は「政府が何とかしてくれるはず」と考え、自ら国を守る気概が生まれない。「依らしむべし、知らしむべからずでは国は持たない」と諭吉は考えたのだ。国民が自ら考えよとのアドバイスである。

いまこそ国民意識を持つべきだ

国民は一人で二役を勤める。
その一は客人として、
その二は主人として。

明治時代の政治家、有識者、知識人は、いまとは比べものにならないほど国民意識が高かった。油断していると、植民地にされてしまう時代だったたからだ。

維新が実現して士農工商の別はなくなったが、多くの庶民たちは自分たちが主役だということがよく理解できていなかった。殿様や武士が失業して、明治政府という新しい領主様が出現したくらいに思っていたのだろう。

この言葉は「そうじゃない。あなた方はお客さんであると同時に、国の主人でもあるんだよ」と教えている。諭吉はそうやって国民意識を高めようとした。

いまの人たちは、自分らが国の主人であることは知っているが、国民意識そのものはかなり希薄である。国民意識とは「国を思う心」のことである。故郷意識の延長のようなものだ。世界中、どこの国の人間も国民意識をしっかり持っているが、戦後の日本人だけはすっかり希薄になってしまった。

そんなものを持たなくても、国がなんとかしてくれる、いまの平和な日本がずっと続くと思っている。だがそうではない。油断していると、国ごと乗っ取られる可能性もある。そろそろ平和ボケから目を覚まして、国民の誰もが日本のこれからを真剣に考える必要があるだろう。

自分だけが苦しむことはない

人を束縛して独り苦労するより、
自由にさせて苦楽を
ともにしたほうがどれだけ楽なことか。

諭吉はこの文句を、国が何でも引き受けて苦労するより、民間にできることは民間に任せて苦楽をともにするほうがいいだろう、という意味で言った。しかし、このことは個人の生き方にも言えることだ。

一家の主人や会社の上司などで、責任感のある者は、自分の立場を自覚するあまり、問題を一人で抱え込みがちだ。うつ病になる上司などは、大体このタイプである。一方でこのタイプは下の者を束縛しやすい。

「オレの言うとおりにやっていればいい。余計な口を挟むな」

自分が支配的な立場にいて、思い通りに物事運べばたしかに気分はいいが、部下は育たないし、好かれもしない。いざというとき協力者を得にくい損な生き方だ。

二〇一三年通常国会の施政方針演説で、安倍首相が冒頭にこの文句を引用して話題になった。とかく調子のいい男は、周囲のおだてに乗って、「オレに任せとけ」といった生き方をしてしまいがちだ。

だが、結果は利用された挙句、逃げられてしまう。相手も悪いが、それに乗せられるほうもよくない。自分だけいい気分になって、少しも相手のことを考えてないからだ。良くも悪くも自分勝手な生き方は人を楽しませない。

何事も絶対視してはいけない

軽々に信ずるは、信ぜざるの優に如かず。

軽率に信じるより、信じないほうが優っている。知的にはまったくそのとおりだ。信じるにしろ、疑うにしろ、取捨選択を忘れてはいけない。それなしに人を丸ごと信じるのは、太っ腹のようでバカなだけだ。

だが、このバカなことを得意になってする者がいる。ここで諭吉が問題にしているのは西洋かぶれのことである。明治になって日本人が西洋文明を直に知るようになってまだ日が浅いのに、早くも絶対視する者が現れた。諭吉はそうではなかった。

「婦人を重んずるの風は人間世界の一美事なれど、無頼なる細君が跋扈して良人を苦しめ、不順なる娘が父母を軽蔑して、醜行を逞しうするの俗にも心酔すべからず」

「彼の富強はまことに羨むべしといえども、その人民の貧富不平均の弊も兼ねてこれを倣うべからず」

はなはだしいのは「日本語をやめて英語を公用語にしよう」という動きまであった。そういう風潮を諭吉は批判している。しかし、西洋文明にかぎらず、一般論としても、「何でも絶対視するな」という言葉は通用する。どんな場合もよく比較検討もしないで信じるのは軽率にすぎる。それは判断停止にほかならない。軽率に信じるよりは、信じないほうがまだ優っている。

大バカ者の取扱説明書

法も恥も知らぬ馬鹿者には、
道理を持ち出してもむだ。
不本意でも力でおどすより外に
方法はない。

暴力容認のように思われるかもしれないが、幕末の殺伐とした時代に生きたにも関わらず、諭吉は徹底した平和主義者だった。

人とは争わず、実際に刀を抜いて他人と斬り合いしたことは一度もない。命を狙われたことは何度かあるが、スタコラ逃げるのを旨としていた。

だが、一方で剣術の修業は怠らなかった。免許皆伝の腕を持ち、衰えないよう生涯、居合いの訓練を欠かさなかった。

そんな彼がこう言っているのだ。

「理非の理の字も知らず、身に覚えたる芸は、飲食と寝ると起きるのみ。無学のくせに欲は深く、人を欺きて、法を巧みに逃れ、子は良く産めども、教えるの道を知らず」

こんな輩が増えたら国が持たないではないか。どうしようもない人間なのだ。これではちゃんと正しく暮らしている人が迷惑するだけではないか。法も恥も知らない人間は、力づくで諭すしかないともいう。

よく国家の暴虐ということを人は問題にするが、仕方のない一面もある。国民国家は、国民のレベルに見合った政府しか持てない。この言葉はそういう意味なのだ。個人の人間関係でも同じことが言えるだろう。

宗教にはどんな態度でのぞむか

宗教のことは、みだりに浅い知識をもって決めつけてはならない。

宗教の扱いはむずかしい。いまでも世界のあちこちで宗教対立が続いている。それぞれ人間存在の核心に触れることだから、生半可なことではどっちも妥協できない。こじれると行きつくところまで行ってしまう。人間社会で一番やっかいな問題である。

宗教はその中に入ってみなければ本当のことはわからない。だから、外部の者がよく知らないのに「ああだこうだ言ってはいけない」と諭吉は諌めている。彼自身、特定の宗教には関わっていない。といって無神論者というわけでもなかった。

彼の宗教観は母親の影響が大きい。母親は人並みに参拝には行くが、「拝むなんて、きまりが悪い」と言うような人だった。否定はしないが、決してのめり込まない。現代人にとても近い態度といえる。

「宗教は簡単にわからない。世界宗教のキリスト教もイスラム教も始祖の時代は大勢から批判されている。奥の深い事柄だから、さしたる知識もなく、批判したり、正しい、間違っていると決めつけるのは危険だ」

宗教を信じていようといまいと、その態度を他人からとやかく言われるのを誰も好まない。みんなそうなのだから、それぞれ個人のサンクチュアリ（聖域）と心得て、深入りしないことにつきる。

●わかりにくい法律は悪法なり

法律は簡潔であるほうが優れている。

法律は守られてなんぼのものだ。赤信号では止まれ、青信号では進んでよい……わかりやすいからみんな守れる。わかりにくい法律はダメな法律なのだ。

明治時代は新しい時代でもあって法律のラッシュだった。新しい世の中になったのだから当然だ。立ち小便禁止令もこの頃できたが、あまり守られなかったらしい。おまわりさんのいるところでは控えるが、見つからなければ平気で禁を破った。

「定めて法となす上は、必ず厳にその趣意を達せざるべからず」

法律で決まったことは、それなりに意味があるのだから、些細なことでもちゃんと守らなければダメだ。その代わり、おかしい点があれば指摘して改めさせる。その権利を確保しておくためにも、法令順守は絶対である……これが諭吉の法律観だ。正論である。

役人たちは法律を作っているうちに、あることに気づいた。自分たちに都合のいい法律を作るには、「わかりにくくすればいい」ということだ。簡単すぎると、周知徹底するが、わかりやすすぎてゴマカシが効かない。諭吉は早くもそのことを見抜いていた。

モーゼの戒律はたった十項目である。本当を言えばこれで十分なのだ。法律が多くなると、弁護士、検事、裁判官が専門化してしまい、誰も全体が見通せなくなる。現代がそうだ。喜んでいるのは役人だけ。すべての法律を時限立法にすべきかもしれない。

税金は喜んで払うべきだ

およそ世の中にうまい商売があるといって、税金を払って政府の保護を買うほど安上がりなものはない。

税金と聞けば、「払いたくない」、できれば「ごまかそう」と反射的に思ってしまうのではないか。悪いクセである。ちょっと考えれば諭吉の言うとおりだ。

カードマンを雇ったらいくらかかるか。自分の家から職場まで道を造ったらいくらかかるか、橋かけたらいくらかかるか。水道引いたら、電気引いたら、トイレットペーパーを製造したらいくらかかるか。

ふつうの家庭での暮らしを営むだけでも、個人でインフラを造るのは百%不可能である。それをぜんぶタダで利用できるのは、あなたも日本国という国家の一員だからである。国は国民の暮らしを保証し、生命と安全と財産を守ってくれる。

これだけのことをしてもらって、負担ゼロというわけにはいかない。それがものの道理ではないか。ではどれくらいの税金を現在われわれは支払っているのか。税金にも、さまざまな種類がある。消費税や所得税をはじめ、市町村税、固定資産税などなど。平均所得レベルの年収四百万円で約百万円、二五%が税金である。

「……夜盗・押し込みの憂いもなく、独り旅行に山賊の恐れもなくして、安穏にこの世を渡るは大なる便利ならずや」。まったくその通り。いまは所得税でさえも未収が多い。個人も企業も気持ちよく納税の義務を果たせば、日本の景気などたちまち回復する。

多数決社会だからこそ考えるべきだ

物事の道理は人数の多少によって
変わるものではない。

多数決で何でも決まる世の中にいると、決まったことを「正しい」と思いがちである。これは間違いだ。みんながそう思っても、間違っていることなどいくらでもある。民意はそのときの勢いで決まるから、あまり当てにならない。

ただ、決まったことは守らなければならない。これが今の社会のルールだ。こんどの安保法案でも、アンケートをとると、反対が目立った。日本人は安保の話になると、条件反射的に反対の態度をとる。「戦争反対」などといったプラカードを無条件に掲げる人たちがいる。「戦争賛成」などという人はどこにいるのか、と問いたい。

半世紀も前に起きた六〇年安保のときからそうだ。日本人に欠けているのは、同じ土俵で冷静に議論を戦わせることが大切なのに、ほとんどそれがない。

お互いが一方的に自分の主張を繰り返すだけ。声の大きい方が目立って、もっともらしく見えてくる。

そうなると、物事を深く考えない人たちがみんなそっちにつく。どんなことも、すべて洗いざらいの材料をテーブルに乗せ、冷静に議論して物事を決めるくせをつけたいものだ。

コペルニクスを持ち出すまでもなく、世の中を大きく変えてきたのは、いつも奇人変人、へそ曲がりだったことを忘れてはいけない。

七、金銭

物や金にこだわって生きるな

物を貪るは男子のことにあらず。

にわか成金が、札ビラ切って得意がるのは、微笑ましくもあるが、やっぱり卑しさが先に立つ。どんなときも、男の貪る姿は見たくないものである。

男は物や金にこだわって生きるべきではない。高い志を持って、世のため人のために役立つことを考えるべきだ……諭吉はこんなふうに考えていた。

これだけだと、真面目なだけで面白くもなんともないが、そこに至るにはわけがあった。封建社会は殿様の家に生まれれば殿様、足軽に生まれれば一生足軽のまま。個人の努力と関係なく人生が最初から決まっていた社会だ。そんな社会で身分が低い者はやる気も起きない。だが、維新後は全員が平民になった。同じ身分からスタートするようになったのだ。努力した者は良い目を見、怠けた者はむくいを受ける。「機会の平等」とはそういうことなのだ。

この社会制度は大切にしなければならない。そのためには、一人一人が世の役に立つことを行い、一人だけ貪るようなことはあってはならない。

欲は人をやる気にさせる原動力になるが、一方で人をとりこにし人生を狂わす。古代ギリシャの哲学者セネカは「人が貪るべき宝は光陰のみである」と言っている。光陰とは年月のことである。

お金に振り回されない生き方

金がなければ使わない。
あっても無駄に使わない。
使いたければいつでも使う。
多く使うも、少なく使うも、
人のお世話にはならない。

お金に関しては、「金を制して金に制せられず」という気構えが大切だ。お金のあるなしにかかわらず、振り回されなければ、そんなに苦労することはない。

諭吉は武士でも下級武士の出だから、若いときはお金で苦労している。だが、金に振り回されていない。なぜかというと、この言葉にあるように「なければ使わない。あっても無駄には使わない」を始終一貫して貫いているからだ。

つまり、彼は生涯、金に制せられることがなかった。どうすればそんな生き方ができるか。実際に「なければ使わない」と言っても、お金の魔力はすごいから、少々の決心程度では追いつかないのが人間の常だ。何か具体的な方法はあるのか。

諭吉の場合は徹底した現金主義である。あるお金は使いたいことに使えばいい。酒飲みの諭吉は酒代のないときは、自分の着物を売ってでも酒を飲んだ。無駄遣いのようだが、諭吉の気持ちの中ではそうではなかったようだ。

その代わり人の金には目もくれなかった。絶対に人から借りない。必要なときはどんな工夫をしてでも自分の力で金を作った。作れなければあきらめ、じっとしている。このじっとしていられるというのが凡人にはできないことだ。だが、これを貫けば、お金に振り回されない生き方ができる。

●いいことも、わるいことも忘れて「次行こう」

偶然に得たものは偶然に失うこともある。

物でも人でもあまり惜しがったりしないほうがいい。死んだ子の年を数えるのは、人情としてはわかるが、かえってマイナスの気持ちを引き出すだけだ。それでは前に進めない。昔から、宝くじに当たるような幸運に巡りあった人は、その後に同じレベルで不運に見舞われることが多い。その理由はこの言葉のような気持ちを持っていないからだろう。

長い人生のなかでは、いまどんな結果が出ようとも、いつでも「次行こう」の精神が必要だ。期待したのに結果が悪かったとき、グダグダと考えるのはよくない。チャンスを逸し悪循環に陥る原因を作っているようなものだからだ。

人生では偶然がもたらす結果は意外に大きい。よく例としていわれる「人間万事塞翁が馬」の話は、人々が偶然というものにどう立ち向かえばいいかを教えてくれている。

思いがけずに得することもあれば、思いがけずに損することもある。そんなことを、いちいち気にしていたらきりがない。大切なのは、私たちは何があっても、ずっと生きていかなければならないことだ。

運命の女神の気まぐれに付き合っているヒマなんかない。いいことがあったら「ごっつあんです」とありがたく頂戴してケロリと忘れる。悪いことにあったら、素直に受け止めて、こっちもケロリと忘れる。大切なのは偶然生じることで左右されない気持ちの強さだ。

●清貧はつまらないやせ我慢だ

金銭は独立の基本なり。
これを卑しむべからず。

お金について日本人はいまだ潔癖すぎるところがある。自立して生きていくためには、お金は絶対に必要なもの。その性質を素直に受け止めるべきで、卑しむなどもってのほかではないか。お金に関して諭吉にはこんな愉快なエピソードがある。

十代の頃、兄からこう訊かれた。

「お前はこの先、何になるつもりか」

「そうですね、日本一の大金持ちにでもなって、思う存分、金を使って見ようと思います」

きまじめな兄は苦い顔をした。

「兄さんはどうなさる?」

「死に至るまで孝悌忠信」

諭吉はひっくり返った。

みんなお金が欲しいし、そのため血眼になっている。それでも「清貧」を持ちだされると弱いところがある。清貧なんて気取ってられない。貧すりゃ鈍する。金がなければ人生の半分は暗くなる。もう少し中庸を得た金銭感覚を身につけるべきだろう。

そういう正しい金銭感覚を持つ人が少ないから、清貧をよしとする人がいる一方で、限りなく金に卑しい人間が現れる。極端なのはよくない。

人をケチ呼ばわりするな

銭を好む心の働きを見て、
直ちに不徳の名を下すべからず。
その徳と不徳の分界には、
一片の道理ある者あり。

誰もがきらいなのがケチな人間だ。笑えるのは、名うてのケチでも、自分のケチは棚に上げて「あいつはなんてケチなんだ」と人のケチさ加減に文句をつける輩だ。

それくらいケチは評判が悪い。だが、人がどうやってケチの判断をしているかといえば、これが実にいい加減なものなのだ。この事情をよく語る落語の笑い話がある。

主人が小僧に言った。

「隣へ行って金槌を借りてこい」

「いやだって断られました」

「どうして？」

「使えば減る……と」

「まったくケチな奴だ。仕方がない、うちのを使おう」

人をケチ呼ばわりする人間の神経などどこんなものなのだ。金槌を貸さなかった相手は、主人のケチを先刻見通していたとすれば、一片の道理はこっちにある。

ケチか倹約家なのかなど、他人にとってはどうでもいいこと。ケチにはケチの楽しみがあり、倹約家は自分の信念に基づいて立派なだけである。どっちであっても他人には関係がない。「そういう人間なのだ」とありのまま受け止めればいい。非難するなどいらぬお世話だ。

借りない生活がいちばんいい

およそ世の中に何が怖いと言って、借金ぐらい怖いものはない。

いまの時代、借金をしていない人はいないだろう。車や家はローンで買う。少し高価な耐久消費財も、分割払いで買うのが普通だ。　ローンやクレジットができるのは、定期的な収入が前提になっている。

会社に勤めて月給が定期的にもらえるからできることだ。しかし、これからの世の中では大きな会社でもいつ潰れるかわからない。潰れないまでも自分がリストラされるかもしれない。病気になることもある。

それを考えたら、もう少し借金には臆病になったほうが、長寿社会を無事に生き延びるには必要なことかもしれない。家のローンもできるだけ前倒しして早く終わらせる。車のローンはもう組まない。モノやコトはなるべく現金で買える範囲にする。

こういう生活に改めればいい。これからは「現金一括払いで買えない商品はすべて身分不相応」と思っていたほうがいい。こんなことを言うと、消極的な人生を勧めているように思われるかもしれないが、そうではない。

逆にわれわれが「売らんかな」の人たちの術中にハマっているのだ。

「健康で、借金がなくて、しっかりした意識があるという幸福以上に、一体何が必要だというのか」（アダム・スミス）。この言葉はかみしめてみる価値がある。

利害トントンはありえない

利なければ必ず害があり、
得なければ必ず失がある。
利害得失相半ばするものなどない。

利益がなくても、トントンなら「まあいいや」という気持ちが私たちの心の何処かにある。勧誘商法が最後に持ち出す切り札はこれだ。

さんざん儲かる話をした挙句に、「最悪でも元本保証ですから、心配することはありません」と言われてコロリと騙される。最悪でも損しなければいいという考え方なのだ。

パチンコを三時間やって一万円を投資、一万円分稼いだ。お金ではトントン。「三時間楽しく遊べた」と思えば得した気分になれるが、「稼ごうと思ったのに三時間ただ働きだった」と思えば、丸損した気分だろう。

とかく私たちは「利害得失相半ばする」と考えがちだが、無理してそう思おうとしているところがある。自分で自分を慰めているのだ。実際は、お金でトントンでも、気分は必ずどちらかに傾く。「利害得失相半ばするものなどない」という諭吉の指摘は正しいのだ。

したがって、「得がなくても損もしないから」という気持ちで物事を始めてはいけない。やるなら確実に利得を目指すべきだ。

その姿勢で取り組めば、かりに失敗しても、その失敗を経験として活かせる。「どっちもでもいい」という態度では経験が生かせない。何度も同じ過ちを繰り返す人は、ここをよく考えたほうがいい。利害を甘く見てはいけないのだ。

何事にも苦労が必要なわけ

およそ世の事物、
これを得るに易きものは貴からず。

安いからといって一〇〇円ショップで無駄なものまで買いすぎて、後で反省したことはないか。「安かろう、悪かろう」もあるが、「たかが百円だから」と粗末に扱ってムダにすることが多い。

簡単に手に入れられたものは、安く見限ってしまう心の働きがあるということだ。ブランド品が高いのに売れるのは、この心理を逆にうまく突いているからだ。

冷静に考えてみれば、普通価格で売られているものと、その何倍、何十倍する品と、コスト面では大差ないことはわかる。だが、ブランド品だと高価でも高いと思わない。

恵まれた環境で育った人間もそうだ。苦労せずになんでも与えられつづければ、物の価値がわからないまま育つ。そして人の心もわからない人間になってしまう。こうして世間知らずのボンボンができ上がる。苦労して育った人間との違いが出る。

生まれつき頭が良くて、教わったことはすぐに覚えられる。そういう秀才が、得てしてイヤミな人間に成長するのは仕方のない面もある。宝くじに当たった人間のその後の人生が、必ずしもうまく運ばないのは、お金の値打ちを誤解してしまうからである。

人間、何があっても苦労はするものだ。

「あらゆるものの真価は、それを獲得するための苦労と困難である」（アダム・スミス）

八、不安

不安や心配はなぜ起こる

艱難辛苦も過ぎてしまえば何ともない。

不安や心配はなぜ起こるのか。私たちはつねに不安を感じ、何かにつけ心配している。その実体はなにかといえば、否定的な想像にすぎない。いわば妄想である。

現実には起きていないこと、ありもしないことを、アタマで想像して、ひたすら恐れるのが不安、そして心配というもの。幽霊を怖がるのと大きな違いはないのではないか。

艱難辛苦とは、「非常な困難にあって悩み苦しむこと」と辞書には書いてある。だれもそんな状態に陥りたいとは思わない。ここまでみんなの思いは一致している。だが、人生では望まなくても、そんな境遇におかれてしまうことがある。

諭吉の前半生はそうだった。とかく苦労を避けようとするのが、私たちの習い性になっているが、そうさせているのは、悪い想像である。悪い想像は不安を掻き立てる。同じ想像をするなら前向きな想像をすればいい。

諭吉は常にそうしたのだ。彼は誰もが嫌がり避けることを自分から引き受け、人生を好転させた。自分の来し方を振り返って彼はこう述べている。

「その間の艱難辛苦など述べ立てれば大層のようだが、喉元すぎれば熱さ忘れるで、艱難辛苦も過ぎてしまえば何ともない。貧乏は苦しいに違いないが、その貧乏が過ぎ去ったあとで思い出して何が苦しいか、かえって面白いくらいだ」

何事にも挫折しないコツがある

人として前途の望みなかるべからず。

望みあらざれば、世に事を勉むる者なし。

どんなことも「ダメだ」と思いながらやることはないだろう。だが、そう思わざるをえないこともある。かつての諭吉がそうだった。

苦労してオランダ語をマスター、江戸に出てきた彼は、早速横浜に出掛けた。外国人の多い町で自分の語学力を試してみたかったのだ。だが、街を歩いてみて愕然とした。彼の言葉は少しも通じないのだ。

理由はすぐにわかった。彼が長崎、大阪でオランダ語を学んでいた頃、江戸では英語に切り替わっていた。オランダ語はほとんど役に立たない。だが、ここからが彼の真骨頂だ。「洋学者として英語を知らなければ、何にも通じることはできない。この後は英語を読むべきだ」

そう決心して同じ立場の友人たちに相談すると、オランダ語を習っていたみんなはがっくりきていて、すぐに切り替えてやろうとする者がいない。諭吉はなんとかして同じ考えの友を一人見つけると、彼と一緒に必死に英語のマスターに努めた。

彼が賢かったのは一人で始めなかったことだ。志が一緒の友を見つけることで、萎える気持ちをお互いに支えあった。人生では絶望的な状況に遭遇したら、一人で苦しまず、同じ立場の人間を見つけること。そしてあきらめないこと。このふたつがあれば挫折はない。

● 「したいかしたくないか」が行動のポイント

できるかできないか、そんなことは考えるな。

先にも述べたが、福澤諭吉は兄から「洋学を勉強してみないか」と言われたとき、「人の読むものなら横文字でも何でも読みましょう」と即答して、オランダ語の勉強を始めた。次に英語を学び、語学ができることで大きなチャンスを掴んだ。

もし兄の一言がなかったなら、啓蒙思想家福澤諭吉は誕生しなかったも知れないのだ。諭吉の非凡なところは、この言葉にも現れている。彼はいつも何かに取り組むとき、「できるか、できないか」は考えなかった。

「したいか、したくないか」

「するべきことか、しなくていいことか」

できるかできないかを考えて、できることだけ選んでいたら、進歩は一切ない。できそうもないことに挑戦してこそ人間は進歩する。

ほんの少しでも「したい」という気持ちがあるなら、むずかしくても挑んでみるべきだ。なぜなら人は「自分に絶対不可能なことは決して望まない」からである。自分が望むことはどんなに難しく思えても、実現する可能性を持っている。

一方で「したくない」と思ったら何事も前へ進まない。イヤイヤながらやることに進歩がないのは、誰もが経験していることではないか。

金がなければ買わない使わない

私は若いときから「困った」と一度も言ったことがない。

「ゴメンナサイですめば警察はいらない」。よくこんなことを言う人がいるが、似た言葉の使い方に「困った」がある。

「困った、困った」

「どうしよう、どうしよう」

この言葉を続ければ、それがなくなるのか。例えば、買い物していざお金を払おうとしたら財布を忘れてきて、お金がない。たしかに困った事態だが、そう言ってみたところで問題が解決するわけではない。

「困った」という人間の魂胆は一つしかない。困った事態を誰かが見かねて助け船を出してくれるのでは……という期待である。「私が立て替えてさし上げましょうか」とそばにいた人が言ったり、あるいはお店が「お金はこの次に持ってきてくれればいいですよ」など、そう言われるのを待っている。甘ったれ人間がよく使う言葉である。

諭吉の信条は「貧富苦楽共に独立独歩」というものだった。はじめから誰かの世話になろうという気がみじんもない。金がなければ買わない、使わない。あっても使いたくなければ使わない。使いたければ、人が何を言っても使う。自由に生きたかったら人前で「困った」と言わないことだ。

会社を辞めたい人の不満

不平があるならさっさと出てしまえ。出ないのなら不平は言わぬことだ。

あるアンケート調査で、五十人の社員に「会社を辞めたいと思ったことがあるか」と聞いたところ、なんと四十九人が「ある」と答えたという。程度の差こそあれ、会社を辞めたい人は想像以上に多い。

新入社員の三〇%は三年以内に辞めていく。これがいまの日本の現実だ。就活して受かったときはうれしいが、実際に勤めてみると、いろいろな不満が出てくる。人間関係、仕事内容、給与が三大不満といわれている。いつの時代も同じなのだろう。

この言葉は諭吉が十代の頃思っていたことである。当時、若い藩士たちの間では藩経営への不満が渦巻いていた。藩を飛び出して京都や江戸へ行きたい。諭吉も同じ気持だったが、彼は不満を一切口にしなかった。口にする者ほど、脱藩する勇気のないことを知っていた。諭吉はまもなく故郷を後にし、二度と戻らなかった。不言実行である。

いま居酒屋あたりで会社への不満をぶちまけている連中は、当時の若い藩士たちと同じだ。言うことでストレスを解消している。それも一つの生き方だが、本気で辞めるつもりなら、安易に不平不満を言うべきでない。そんな気持ちではろくな仕事ができない。そんな人間が会社を出てもうまくいかないものだ。

「不平をこぼす人間には、同情より軽蔑が与えられることが多い」(サミュエル・ジョンソン)。

妬み、そねみはなぜ起こるか

人間最大の禍は怨望《えんぼう》にありて、
怨望の源は窮より生じる。

怨望とは妬み、そねみのことである。嫉妬と羨望と言い換えてもいい。誰でも心の中にそんな気持ちを持っているが、その気持ちが強く出る人と、それほどでもない人がいる。この差はどこから出てくるのか。

諭吉はそれを「窮」と表現している。窮というと〝貧窮〟とか〝困窮〟という言葉が浮かぶが、彼が考えたのはそういう具体的なことではなく、心の窮屈さのことを指している。ふだんから心が開放されていれば、怨望は起きにくいというのだ。

世の中には裕福な人もいれば貧しい人もいる。しかし、貧しい人がみんな裕福な人を嫉妬し羨ましがるわけではない。心が窮屈な人がそういう思いをより強く抱く。では心が窮屈とはどういうときか。

言動を抑制されたときと諭吉は考えた。言いたいことが思うように言えず、したいことを思うようにできないと心が窮屈になる。これこそが怨望の温床。だから、どんなときも人の言論を封じ、やりたがっている行動をむやみに制限してはならない。

「怨望は諸悪の根源のようなもので、人間関係の良くない出来事、猜疑心、嫉妬、恐怖、卑怯のたぐいはすべて怨望から生まれてくる。怨望は他人も自分も傷つけ、よいところが一つもない」。

開き直れば何事も楽になる

私は頬かむりは大嫌いだ。
生まれてからしたことがない。

そんなこと恥ずかしくてできない、体面にかかわる……そう思い込んでいることが誰にでもあるはずだ。中には正当なものもあれば、単なる見栄の場合もある。

まだそれですんでいるうちはいいが、必要に迫られたらどうするか。江戸時代の下級武士は、経済的に困っている階層が多く、武士の体面との間で悩みが多かった。諭吉がまだ故郷にいた頃の話である。

夕方になると、近くの酒屋や油屋などに頬かむりをした武士がよく現れた。使用人を使いに出す余裕がなく、自分で買いに来るのだが、武士の体面上、顔を見られたくない。それを見ていて青年諭吉はこう思った。

「ちゃんと金払って買うのに、なんであんな卑屈な態度をとるのだ」

彼は反発心もあって白昼公然と刀を差し、顔を丸出しにして味噌や醤油を買いに行った。頬かむりをしたことは一度もなかったそうだ。

私たちにも似たようなことがあるのではないか。気にすることは人によってさまざまだろうが、見栄からコソコソした態度をとってしまうことがよくある。つまらぬ見栄を張るのは自信の無さの現れ。開き直ってしまえばなんでもないことだ。

「見栄の行き止まりは、馬鹿げて大きな石をかつぐことなり」（幸田露伴）

取り越し苦労はした方がいい

用心するときは何でもなく、
ポカンとしているときがいちばん危ない。

油断大敵ということは誰もが知っているが、意識して実行している人は少ない。大抵の人は「高をくくって」いるものだ。何かが起こってはじめて自分がいかに油断していたか気づかされる。

勤王と佐幕の争いが激しい維新動乱の十数年、諭吉は夜間外出しないよう心がけていた。いつも命をつけ狙われるような活発な志士ではないが、洋学に堪能なので、万が一に備えての用心だった。それでも何度か危ない目に遭っている。

故郷に一時帰郷したときのこと。幼なじみが訪ねてきた。旧交を温め彼は無事に江戸へ戻った。だが、このとき攘夷派から命を狙われていたのだ。幼なじみはその一味で、会いに来たのは諭吉の様子を探るためだった。

彼はその夜泊まる宿屋まで突き止められていた。この計画が実行されなかったのは、幸運にも血気にはやる攘夷派の若者をなだめる人間が現れたからだ。後でその話を聞かされ、自分の命が風前の灯だったことを知る。

「中津滞留もさまで怖いとも思わず、まず安心していましたが、数年の後に至って実際の話を聞けば、恐ろしいとも何とも、実に命拾いをしたようなことです」。故郷で幼なじみと会えばどうしても警戒心はゆるむ。そういうときが一番危ない。

九、努力

●どんな仕事でも引き受ける

上中下の仕事何でも引き受けて、
これはできない、
それはいやだと言ったことはない。

ネットを見ていると、今の若者はかなり仕事の選り好みをしているようだ。あるニートは、やっと働く気になりコンビニのバイトに電話で応募したが、すぐ返事が来なかったとか、向こうの応対が悪いとか、文句を並べていた。とても働く気があるとは思えない。

サラリーマン社会でもそうだ。懸命に就活して入った会社なのに、電話の応対ばかりさせられるとか、営業志望なのに事務に回されたとか、何も知らない新人のくせに文句ばかり言う。社会に出て仕事をするということがよくわかっていないのだ。

ポッと出の新人などすぐに使えない。はじめは雑用をさせて会社の雰囲気になれさせ、しきたりを覚えてもらう。同時に当人の適性を見極める。これが会社のふつうのやり方。一方、この時期にこそ新人のチャンスが転がっている。

どんな環境でも「はい、はい」と元気よく、仕事をこなしていく新人は、やる気満々で仕事を楽しむ姿勢を持っている。出世前の諭吉がそうだった。長崎に遊学した諭吉は、勉強しながら、下宿先の先生の家の仕事を何でも引き受けた。

米つき、薪割り、水汲み、障子、襖貼り、傘の修理、飯の支度……自分から率先してやった。たちまち養子の話が持ち上がった。先の見込みのある男とはこういうものなのだ。つまらない仕事ほど率先してやらなければ損と心得よ。どんな仕事にも楽しみはある。

人は努力した分見返りはある

根気よく勉めて迷わぬ者が勝ちを占める。

「こうしたい」と思っても、いろいろな事情からできないことはいっぱいある。一流企業に就職したいと思っても、三流大学なのでエントリーすらできない。

結婚したいと思っても相手がいない。彼女ができても派遣で給料は安いので、結婚まで持ち込めない……。

人生は思い通りにならない。そう思っている人はたくさんいる。だが、実はその考え方が最大の障害になっていることに気づいている人間は少ないのではないか。

望みが叶えられないのは、いい学校を出てないから、正社員にもなれないから、給料安いから……この言葉は「それはちがうよ」と言っている。

人生で勝利をおさめるのは、自分の思いをしっかり持って、そのために根気よく努力を重ねる。実現するかどうかとか、よけいなことは考えずにひたむきに努力をする……そういう人は必ず一定のプラスの結果を引き出す。

ひとつの仕事を根気よくコツコツと努力を重ねていく、人生にはそんな時期も大切なのである。

能力はあまり関係ない。運の良し悪しも関係ない。努力はした分だけ必ず見返りをくれる。この言葉はそういうメッセージとして受け取ろう。

人生なんて大げさに考えるな

人生あまり重く見過ぎず、
捨て身になって取り掛かり、
たとい失敗しても苦しからず。

人生なんてそんなに重く大げさに考えないほうがいい。「軽く、軽く」と諭吉は何度もそう言っている。「人生は児戯のようなものだ」とも。マジメ人間には不謹慎な考え方に映るかもしれないが、自由闊達に生きるには、あまり重く考えないほうがいい。

重く考えるから慎重になり過ぎ、大胆なことができない。「一度しかないのだから」と臆病になる。失敗を恐れる。そんなに消極的に生きて、後で後悔しても遅い。諭吉が言うとおり、一度の人生だからこそ捨て身になって生きればいい。

人生軽く見るとどういうことが起きてくるか。まず気が楽になる。気は楽にしていたほうが人生は楽しい。また、周囲の人間の気も楽にさせるから、人間関係もうまくいく。もっといいのは、自分の持っている力が存分に発揮できるようになることだ。

このことは科学的にも確かめられている。好きなことに没頭しているときと同じ状態になるからだ。楽しく生きて、人とも仲良くできて、実力を発揮できる。実際にそんな生き方をしている人が世の中には大勢いる。諭吉もそのひとりだ。

この生き方がいかに心地よいか、これには証拠がある。諭吉は晩年になって書いた自伝でこういうことを言っている。

「来し方を振り返れば、遺憾なきのみか愉快なことばかりである」。

人生を重く見過ぎるのはやめることだ。

勝ち負けには不思議な法則がある

勝ちたいと思うと負け、
無心で戦うと勝利する。

心は不思議なものだ。「勝ちたい」と切に思うとき、心の奥底には「負けるのではないか」という恐怖が潜んでいる。その結果、何が起きるかというと、心の奥底で思っていることが実現するような行動をとる。

次のような例でそれは説明できる。狭い道を自転車で走っていて、向こうから人が歩いてくる。「ぶつかっていけないな」という意識が芽生え、それがより強くなると、どうしたことかハンドルを握った手のほうは、ぶつかるほうへと動いてしまう。

なぜそんなことになるのか。人間は意志よりも想像のほうが強いからである。「ぶつかってはいけない」は意志だが、心の奥底では「ぶつかるのではないか」という想像が芽生えている。意志と想像が争ったとき、勝ちを制するのはいつも想像のほうなのだ。

無心で戦うのがなぜいいのかは、「勝ちたい」とも「負けたい」とも思ってないからである。心の葛藤がない。心の葛藤がないとき、人はその持てる力を最大限に発揮できる。自ずとよい結果が出せる。問題はどうすれば無心になれるかだ。

この心の不思議な動きを知っていた諭吉は、「無頓着」という言葉をよくつかっている。物事を気にかけず平気でいることだ。これは良い作戦ではないか。

自己の正味を知っておく

わが一身何物たるを考えざる者は、
売品の名を知りて、
値段を知らざるもののごとし。

これも非常に大切な忠告である。掛け値なしの自分の価値というものを、しっかり把握しておけということだ。

洋学の勉強をしていた諭吉は、自分がどれだけの実力なのかを知るために、こんな方法をよくとった。自分が知っていることでも、知らないフリをして聞きに行く。その返答次第で相手の実力はおおよそ見当がつく。

もしも自分よりも上の実力者だったら、知らないこともどんどん聞いて自分のものにしていく。自分よりも下だと思ったら、さり気なく教える側に回る。彼はどんな場合も、相手との関係がまずくなるような態度は取らなかった。誰とでもつきあったのが諭吉だ。

自分より下の勉強仲間だって、「どこそこにいい先生がいるみたいだ」といった耳寄りな情報を提供してくれることだってある。彼は自分の実力を磨くために、どんな努力も惜しまなかったのだ。この態度は勉強するうえで非常に役に立つ。

こういう態度を諭吉は「自分の正味を知っておく」という言い方をしている。自分を棚卸しして、掛け値なしの自分を知っておかなければ、効率的な勉強はできない。勉強だけでなく、仕事でも同じだ。まずは自分の本当の実力を知ることが第一。それを人に言うことはないが、自分で自分がわからなければ何事も始まらない。

●居心地のよい人間になれ

人間万事、あまり世話をせず、
放任主義のほうがよい。

リーダー役を任されたとき、管理主義で行くか放任主義で行くか、一度は考えなければならない問題である。

諭吉は放任主義のほうがいいと言っている。なぜか。自分で考える癖がつき、自主独立の精神が養えるからだ。自分で考えない人間は、言われたことはそつなくこなすが、リーダーを任せられる人間にはなれない。

組織はそれでは困るのだ。レヴィンという人の有名なリーダー論は、専制型、民主型、放任型と三つの類型をあげているが、諭吉の放任型は、一方に偏らず、民主型と放任型が合わさったものである。

こういう事実がある。できたての頃の慶應義塾はひどく貧乏だった。生徒たちの月謝が唯一の現金収入。講師たちの給料はその中から賄われた。本来なら塾長の諭吉がまとめて預かり、各自に渡すのが筋だが、彼は講師たちの勝手に任せた。

講師たちは「俺はこれだけでいい。お前がもっととれ」とお互い譲り合い、わずかな収入でも塾運営に支障は生じなかった。誰もが塾のためと思っていたのだ。任されれば、こういうことも起きるのだ。むろん、諭吉は無給だった。

「自覚さえすれば、どんな生活だって深い意味ができる」（永井荷風）

心優しいフェミニストたれ

男も人なり、女も人なり。
ただその異なるところは、
男は強く、女は弱し。

ここで言っている強弱とは、肉体、筋肉のことである。男女が力ずくの喧嘩をしたら、女が負けるに決まっている。男と比べれば、女は肉体的にはか弱い存在。「だから大切にしてあげなさい」。諭吉は心優しいフェミニストでもあった。

当時の女性には「三従の道」という価値観が説かれていた。「幼きは父母に従い、嫁いでは夫に従い、老いては子に従うべし」。当時、当たり前だったこの価値観に、諭吉は猛然とかみついている。

「幼いときに父母に従うのはもっともだが、嫁いでから夫に従うとはどういう意味か。かりに夫が大酒飲みで、女遊びが大好きな放蕩淫乱な男でも、妻は夫を天のごとく敬い、言うとおりにしなければいけないのか」

いまはこんな古い価値観が通用しなくなったのはいいことだが、逆に何でもかんでも男と女を同じにしろという平等観がはびこっている。現代のこのありさまを諭吉が知ったらどう思うだろうか。「おかしいよ」と文句をつけるに違いない。

どんな文句をつけるか。「女を男並みに働かせるな」と言うかもしれない。味噌も糞も一緒にしたようなジェンダーフリーを主張する輩は「フェミニストを名乗る資格はない」とも言われるだろう。

嫁の心構え、姑の心得

嫁いびりをする姑は、かつては自分も嫁だったことを思い出すべきである。

嫁と姑の仲はいつの時代も同じようなものである。血縁でない「なさぬ仲」になり、うまくいかないことのほうが多い。いまは核家族が普通になって、都会では姑と同居する嫁は少なくなったが、田舎へ行けばまだけっこういる。

田舎のある嫁さんの告白。

「お姑さんからさんざんいじめられたけど、死ぬ間際に『ごめんなア』と謝ってくれたので、いっぺんに心が晴れた」。だが、それはおかしいではないか。

「何十年もいじめといて、最後の一言でチャラにしようなんてずるすぎる。枕元で『許さん！』と言うべきだった」。こういう嫁さんがまた姑になると同じことをするのだ。悪循環とはこのことだろう。

この事態を避けるにはどうしたらいいか。嫁の立場を忘れないことである。

「（嫁を）苦しめんと欲せば、己がかつて嫁たりし時を想うべきなり。姑の鏡遠からず。嫁の時にあり」

すぐ目の前に姑の鏡はあるじゃないか。それを見続けていれば、同じことを繰り返す愚はなくなる。

「姑だって最後は嫁の世話になる。そのことをわからせれば、あとは嫁の天下です」（永六輔）

人に尽くしてなぜ損をするのか

人を世話するなら
保護と指図の両方をせよ。
そうでなければ片手落ちになる。

人に尽くして損ばかりしている人がいる。そういう人はやり方がまちがっているのだ。ここで諭吉は保護と指図ということを言っているが、保護とは世話のことであり、指図とは忠告・命令のことだ。

「指図の行き届かぬところに、保護の世話なすべからず」

親の子育てを考えてみればいい。子供を食べさせ、着させ、住まわせるのは、親の保護に当たる。親は保護者なのだ。保護する一方で親は指図もする。それがあるから子供はすくすく育つ。保護だけで指図がなければ、子供は野放図になって、ろくな子が育たない。

人に世話するのも同じだ。お金を貸す人間は相手を保護する立場だが、何の指図もなければ、不都合が生じるだろう。貸したお金はいついつまでに返してくれ、利息はこれこれだと指図をするのがふつうだ。飲んだくれて食べるものがない人間に、「よし、よし」で米を与えるだけだったら、少しも本人のためにならない。

世話好きで他人のためにあれこれ尽くすのに、何の見返りもなく、損ばかりさせられている人は指図に欠けるのだ。これではその人のためにならない。そして自分のためにもならない。そんな世話はやめるべきである。

だが、日本では「無償の行為」を褒め称える習慣があるが、これは無責任につながりかねない。考え直すべきではないか。

魚を与えるなら、釣り方も教える

恵み与える心は
人としてもっとも尊ぶべきものだ。

見ず知らずの他人でも、何かですごく困っている人がいれば、助けてあげたくなるのが人情だろう。この気持ちは、おそらく人類に共通する価値観といえる。だが、その現れ方はさまざま。文化や習俗によっても違うし、個人の性格や考え方でも異なる。

諭吉はここで、「どんな形であれ、憐憫の気持ちを大切にしろ」と言っている。一方で諭吉は「保護は指図とともに行われるべきもの」とも述べている。ただかわいそう、かわいそうではダメ、「魚を与えるのなら、ついでに釣り方も教えよ」ということだ。

たしかに経済的に自立できるように人を導くことは大切である。しかし世の中はすべてソロバンづくで片付けられるものではない。明治時代には乞食して歩くことは禁止されていた。これを許せば怠け者の親が子どもにやらせ、世の秩序が乱れるからだ。

しかし、当時は乞食も多数いて、また恵んでやる人間も大勢いた。杓子定規に言えば、どっちも法律違反である。

「乞食を禁ずるの法は、もとより公明正大なれども、人々の私において、乞食にものを与えんとするの心は咎むべからず。仁恵の私徳を忘るるなかれ」。

人を憐れんで恵んでやる気持ちを失ってはならないというのが、この言葉の真意だ。ちなみに現在でも乞食行為は軽犯罪法違反である。

十、覚悟

我が身に恥ずるところはないか

人は心に思うよりも案外に悪をなし、
心に思うよりも案外に愚を働き、
心に企つるよりも案外に
功をなさざるものなり。

本気で悔いたり、反省するほどのことではないが、ときには自分というものを、こういう観点から見つめなおすといい。いわば自分の棚卸しだ。

自分では「悪いことなど一つもしたことがない」とふだんから思っている人は少なくない。事実、そのとおりなのだろう。警察の厄介など論外、自分で思い出しても悪とは無縁の日常。

愚かな行為も同じだ。慎重に気を配って生きてきたから愚行は演じてない。ギャンブルもしないし、酒は飲むが乱れたことがない。人からクレームもつけられたことはない。

そして成功者感覚。小さいときから成績も良く、エリートコースを歩んで今日まできた。「オレって相当賢いぞ」と自信たっぷり。

だが、こういう人間は自分に甘いだけである。自己分析が足りない。諭吉は一度、盗人の自覚を持ちながら、それを実行したことがある。「読ませて」と言って人から借り受けた高価な本を丸ごと引き写したのだ。藩の家老を騙して大金を巻き上げたこともある。

そのときのドキドキ感覚が自伝にくわしく書いてある。お札になるような偉人でも、盗人もどきのことをやってのける。それが人間というものだ。自分を省みて、ひとつも反省材料がないとしたら、そんな自分こそおかしいと思わなければならない。

●あまり手放しで喜ぶな！

悦ぶべきものも失えば悲しみになる。
いま悦べても、
悲しみのあるのを忘れてはいけない。

何か嬉しいことがあると、舞い上がってしまうことがよくある。それが人間らしい単純な一面でもあるが、ほどほどにしておいたほうがいい。なぜかというと、喜ばしいことがいつまでも続くなどあり得ないからである。

むしろ喜べるときに、その喜びを噛みしめながらも、同じように悦べない者、悲しみに沈んでいる人たちのことも少しは思ってみる。「そういうことも必要だよ」と諭吉は説いているのだ。東大の合格発表がテレビで報じられるとき、決まって合格者を胴上げする風景が見られる。あれがどうも好きになれない。微笑ましくもなんともない。

本人が万歳三唱、赤飯炊いて祝いたい心境なのはわかる。だが、あの手放しの喜びようは見苦しい。ああいうタイプの人間が、東大出を鼻にかけ、上から目線で人を見下すきわめつけの俗物人間になるような気がする。

ある年の正月、小林一茶は「めでたさも中くらいなりおらが春」と詠んだ。正直な心境だろう。諭吉がこの言葉を記したのは、明治七年元旦、慶應義塾が私学として独立できたことを喜んでのことだ。でも、一方ですぐ自分にブレーキをかけている。リーダーの彼が小躍りすれば、周囲も輪をかけて同じことをする。心ある人間はどんなときも見苦しいまねはしない。冷静な諭吉の一面でもある。

できもしないのにケチをつけるな

人の仕事を見て、
心に不満足なりと思わば、
自らこれを試みるべし。

自分でできもしないのに、偉そうに文句ばかり並べる人間が多すぎる。言われたほうがいつも思うのは、「なら、自分でやってみろよ」ということだ。実際にやって自分ができれば、文句にも凄みが出てくる。

他人の商売のやり方がまずいと思ったら、自分でその商売をやってみればいい。隣家の生活がずさんに思えたら自分の家で試してみればいい。他人の書いた本に文句があるなら、自分も本を書いてみればいい。

学者を批判したければ学者になれ、医者を批判したければ医者になれ。どんなことでも他人の仕事に口出ししようと思うなら、自分をその立場においてみることだ……。たしかにそうだが、現実問題としてそれはできない。

つまり諭吉は人のやることにあまりケチをつけるなと言っているのだ。なぜか。やたら批判する人間は、それだけで何かをやったつもりになっている。だが現実は何もしない、ケチはつけるが、当の本人は何もできない人間になってしまうからである。

また、批判の多い人間は人に好かれないから、人間関係の面でもハンデを負う。

「他人を批判したくなったら、世の中の人は皆自分と同じように恵まれているわけではない、ということを少しでも思い出せ」（フィッツジェラルド）。

「人から物をもらわない」覚悟を持て

一身独立とは、一口に言えば「やたら人から物を貰わない」ということに尽きる。

これはいい言葉だ。「自立」ということを諭吉は「一身独立」と表現している。人はみな一身独立してこそ一人前。結婚して妻子を養う身になっても、親の援助を受けているようではとても自立したとはいえない。

先頃、有名版画家の息子が放火で逮捕された。ミュージシャンを目指し、四十歳過ぎても独立できず、親から月二十万円の仕送りを受けていた。生活保護は恥じることないが、二十歳過ぎて親の援助を受けるのは恥ずかしい。

「独立とは一口に言えば、人に物を貰わぬという義なり」

この言葉は重く受け止めたほうがいい。人からもらえば恩に着ることになる。言いたいことも言えなくなる。そんな人間関係を作ってはいけないということだ。

昔の子供のしつけには「物を拾うな」というのが必ずあった。やたらに物を捨てる時代ではなかったから、拾いたくなる物が落ちていることは、誰かが誤って落としたのかもしれない。それを拾って自分の物とすることは盗みに等しかったからだ。

また、人からもらうときは、「親に聞いてから……」が原則だった。簡単に人のくれるものを受け取るのは、相手の術中にハマることである。独立心を養うには、まず「人から物をもらわぬ」と決心することだ。

● 真理を知るためには人種差別をしない

理のためにはアフリカの黒奴にも恐れ入り、
道のためにはイギリス、
アメリカの軍艦をも恐れず。

「日本人も諸外国の人々も、同じ天地の間にあって、同じ太陽、同じ月、海、空気をともにし、互いに通じ合う人情を持っている。余ったものはお互いに融通し合い、教え合い、学び合い、恥じたり、自慢したりせず、お互いに相手のことを考えて平和に暮らすべきだろう」(『学問のすゝめ』)

諭吉の残した言葉の中でも有名な一節。ここに彼の世界観がよく現れている。いまでいうグローバル主義的な考え方だが、彼がどれだけ先進的だったかは、いまでも実現していない人種差別の意識がほとんど感じられないことである。

この言葉はまさにそうだ。もし真理を知るために必要とあれば、黒人奴隷(当時)にも頭を下げて教えを請い、正しい筋道を通すためなら、強大な軍事力を持つ英国や米国の軍艦にも果敢に戦いを挑む……。

私たちには、ふだん生きる知恵と称して、「長いものにはまかれろ」的なところがある。昔は「泣く子と地頭には勝てぬ」といったが、いまでもそんな考え方に同調する人間も少なくない。それに比べれば、進んだ欧米文化に触れて目を丸くしていた当時の人たちのほうが、気持ちの点で謙虚さと勇気を持ち合わせていたといえる。

信用できる世界にいるからだまされる

信の世界に偽り多く、
疑の世界に真理多し。

この言葉は諭吉の名言の一つとされている。言われてみればそのとおりなのだが、ふだんは見落としがちなことである。

騙される人の心の内を考えてみればいい。自分が騙されると思って騙される人はいない。信用するから騙される。騙されたと気がつくまでは、信じている。つまり信の世界にいるのだ。騙そうとする人間が活躍できるのは信の世界なのである。

疑いの世界というのは、権謀術数が渦巻くような世界がそうである。全員が相手を騙そうと手ぐすね引いている。油断も隙もあったものじゃない。国家間の外交交渉の世界などはその典型だろう。では、この世界は信用ならないか。

そんなことはない。実際に外交交渉で取り決められたことは、固く守られる。交渉過程ではお互いに疑いながら、かけひきをするが、逆に、決まってしまえば最も信用できる世界に変身する。諭吉が言っているのは、そういうことだ。

信用のならない、騙しが横行する世界よりも、疑うという言葉を忘れてしまうほどの世界に身をおきたい。ユートピアのようなそんな世界に誰もが住みたいと思うだろうが、その望みは危険がいっぱいだ。楽して儲けたいというのと同じだからだ。残念ながら、そんな世界はこの世にまだない。

●欲望を〝悪〟とは捉えない

他人の迷惑にならない欲望は
すべて善である。

功成り名遂げると、偉くなった気分で、何かと他人にお説教を始める人がいる。「長」がつく人に多くみられる傾向だ。そういう人間が言い出すことは、たいていは立派なことばかり。まるで自分には間違った過去などなかったようにである。

諭吉は一万円札になるほどの人だから、半端な功績ではなかったことは誰もが認めるところだが、およそお説教の世界とは縁遠い人間だった。晩年は塾生を連れて長い散歩をするのが日課だったが、道々でこんな言葉を吐いていたに違いない。この考え方はいま流の言葉で言えば、ネガティブリストのようなものだ。

例の安保法案をめぐる論議で話題になったネガティブリスト。「原則自由だが、これだけはしてはいけない。あとは何をやってもいいよ」というのがネガティブリスト。反対に「原則禁止だが、これとこれは例外的にやってもよろしい」というのがポジティブリスト。

人の欲望はきりがないから、モーゼの十戒もネガティブリストになっている。だが、儒教で育った日本人は欲望そのものを悪いことのように考える風潮があった。諭吉はそれを見事にこの言葉でくつがえしてみせた。弟子たちはさぞ痛快な気持ちだったことだろう。

「私が一つの欲望を持つ限り、私は一つの生きる理由を持つ。満足は死である」（バーナード・ショウ）

貧富、強弱などで人を差別するな

大名の命も人足の命も、命の重さは同じだ。豪商百万両の金も、飴やおこし四文の銭も、自分のものとして守ろうとする心は同じである。

諭吉には幼少時代にこんな愉快なエピソードがある。彼の母親は身分制の厳しい世の中であるにもかかわらず、人の差別をまったくしない人だった。たとえば、女乞食を見かけると、自宅の庭に呼び込んでシラミをとってやった。そのときいつも手伝わされたのが諭吉。母親がとったシラミを小石で潰すのが彼の役目だった。母親との連係プレーだった。

とり終わると母親は「とらせてくれたお礼」と言って、なんと女乞食に飯までふるまったという。この気配りはすごい。なかなかふつうの人にはできないことだ。

こういう母親に育てられた諭吉は、「姿形で人を評価してはいけない」ということを、自然に身につけていったのだろう。

「貧富、強弱は人の有様にて、もとより同じかるべからず。有様の不同なるがゆえにとて他の権理(権利)を害するにあらずや」(『学問のすゝめ』)。

金持ちや社会的に強い立場の人間が、貧乏人や弱い立場の人間の権利を一方的に侵害していいのか。それは「相撲取りが一般人の腕をへし折るようなものではないか」と彼は言っている。

極端な例かもしれないが、強い立場の人間が弱い立場の人を気づかずに侵害していることは、よくあるケースである。

負けることもあるのが人生

勝負は時の運。
負けても恥ずかしいことはない。

強い者が勝ち、弱ければ負ける。いつもそうなら話はわかりやすい。だが勝負はそう簡単に割り切れない。弱い者が勝つこともある。先頃、ラグビーW杯で史上最大の番狂わせがあった。南アフリカ戦で日本チームが勝った。この試合の賭け率は一・〇倍。つまり賭けが成立していなかった。

勝負の世界ではこんなこともあるのだ。なのに自信がなくて、最初から勝負をしない人がいる。そういう人は勝つことよりも負けたくない気持ちのほうが強いのだ。

勝負に参加しなければ負けることはない。だが、永遠に勝利の快感も味わえない。スポーツ選手はみんな負ける経験をする。負けるから強くなれる。「敗北はしても敗退はするな」という格言がある。

一度や二度の敗北で「もうやめた」「二度としない」というのが敗退である。あるマージャンの達人は「人生は九勝六敗でいい」といった。負けを織り込んでするのが勝負というものだ。人生だって同じ。勝ち負けにこだわるから面白いともいえる。

慶応義塾の運営について諭吉は「何が何でも続けようとは思わない」と言っている。勝負が時の運であることを知っていたのだ。勝っておごることなく、負けて落胆する必要もない。まして負けて恥ずかしがるなんてかえってみっともない。

十一、親子

人に暴力を振るうのはもってのほか

いかなる場合にも
手を下して打ったことは一度もない。

これも自伝に書いてあることだが、諭吉に子供が九人いたことを思うと、相当の忍耐力が必要だったに違いない。すぐに殴る親は論外だが、どんな温厚な親であっても、一度や二度は子を殴ることがあっても不思議ではない。

諭吉は少々大げさに言っているのか。彼は他人に手を上げたことがない、とわざわざ自伝に書いているくらいだから、子に対してもたぶん本当だろう。

武士が刀を差して闊歩していた時代である。しかも幕末の不穏な世の中の真っ只中にいて、人を殴ったことがないとは例外中の例外的な存在ではなかったか。

彼は赤穂浪士の仇討ちについても、否定的な意見を述べている。幕府の処置がおかしいと思うのなら、そっちに文句をつけるべきで、集団で相手を襲って殺すなんてもってのほかだというのである。

では諭吉は弱虫なタイプだったかというと、決してそうではない。彼の暴力に対する考え方は次の言葉によく現れている。

「暗殺をもってよく事を成し、世間の幸福を増したるものは、未だかつてあらざるなり」

問題解決の手段として暴力を用いるのは好ましくない、決してよい結果を生まないと考えていた彼は決して人に暴力を振るうことはなかったのだ。

遺言書をオープンにしておく

死後に見せることを
生前に言えないのはおかしい。

考えてみれば、遺言とは奇妙なものだ。死んだあとの自分の所有物の分配方法や家族へ向けた伝言が遺言書である。書くのは生きているときだから、本来なら、生きている家族に口頭で伝えればいい。これくらいはっきりしたことはない。

だがそうしないのはなぜか。諭吉はそこに人間のいやらしさを見ている。遺言書を書いて家族に秘密にしておく。妻や子どもたちは不安になる。中身によるが、人を不安がらせるのが、けっこう楽しいのかもしれない。

また、家族間で疑心暗鬼が生まれる。自分に有利にしてもらいたいため、へつらう者も出てくる。そうなると、睦まじい家族関係といえなくなる。家族を愛し、子煩悩だった諭吉は、そんな思いを家族にさせたくなかったのだ。

で、彼はどうしたか。

「家内子どもに遺言の書付を見せ、この遺言書は箪笥の抽斗（引き出し）に入っているから皆よく見ておけ、また説が変わればまた書き変えてまた見せるから、よく見ておいて、オレの死んだあとで争うような卑劣なことをするなよと申して笑っております」

遺言書をめぐって肉親が争うことを防ぐには、これが最善の方法ではないか。秘密にして金庫の奥にしまいこみ、わざわざ争いの種をまくことはない。

家族間の秘密と個人の秘密は違う

「家の中に秘密事なし」が私方の家風である。

家族のなかで秘密がないというのは、一番好ましい家族のあり方だろう。これには一つ条件がある。家族の一人ひとりが行儀のよいことだ。誰だって個人的には秘密を持つ。そのことをやたら詮索しないことだ。夫婦でもお互いに携帯やスマホを見ないことだ。

この思いやりの気持ちがあれば、家族関係はうまくいく。諭吉は自らの家族関係について、次のように述べている。

「また、家の中に秘密事なしというのが私方の家風で夫婦親子の間に隠すことはない。どんなことでも言わないことはない。子供がだんだん成長して、これはあの子に話して、この子には内証なんて、そんなことはしない。親が子供の不行き届きを咎めてやれば、子供もまた親の失策を笑うというような次第……」

家庭の形は様々だろうが、居心地の良い家庭がいいに決まっている。それは全員がそれぞれの立場をわきまえて協力するしかない。それができてはじめて、お互いが秘密を持たない関係ができあがる。

つまり、諭吉がここで「秘密」と言っているのは、家族間における秘密のことであり、個人の秘密ではないということだ。個人の秘密はあくまで個人のものである。このことがわかっていないと家族関係はうまくいかない。

子供は自由放任主義で育てる

子供はまず獣身を成して後に人身を養う

というのが私の主義である。

諭吉の教育方針は英才教育とはほど遠かった。彼のやり方は健康第一、のびのび育てる自由放任型だ。これには理由がある。

諭吉自身が十歳をすぎるまで読み書きも一切習わず、勝手気ままに育った。そんな子供時代がよほど楽しかったのだろう。同じことを自分の子供たちにも味わわせようとしたようである。

いまは教育熱心な親ほど早期教育に力を入れるが、諭吉はあまり早くから勉強に脳ミソを使わせず、肉体的な発達のほうに重きを置いた。

「養育法は着物よりも食物の方に心を用い、粗服はさせても滋養物はきっと与えるようにして、九人とも幼少のときから、体養に不足はない。またその躾方は温和と活発とを旨として、大抵のところまでは子供の自由に任せる」

子供というのは、小さいうちは動物と大差ないというのが諭吉の持論である。「獣身」というのがそれだ。犬猫の子を育てるのと変わるところはない、と考えていた。それで結果はどうだったか。九人も子供がいれば、一人くらい途中で欠けるものだが、四男五女全員すくすくと育った。手塩にかけるとろくでもない子が育ち、ろくに構われずに育つとしっかりした子が育つ。諭吉の幼児教育のあり方も一考の余地があると思う。

子供は親の背中を見て育つ

親子の間柄は愛情一偏、
どれほど年をとっても、
互いに理屈っぽい議論は無用の沙汰。

「一偏」は偏りすぎること、あるいは一途なさまをいう。親子の間柄は愛情で結ばれているだけで、あとは何もいらない。ああだこうだの議論はしないほうがいい……やや極端な家族論だが、これは子供にとって居心地のいい家庭といえる。

子煩悩な諭吉は、海外留学させた長男に「手紙をよこせ」としきりにせがみ、「書くことがないなら、そのことを書け」とまで言っている。自身も息子にせっせと書き送った。これだけされて親の愛情を感じない子はいない。

子供は十歳くらいまでは、親がしっかり見張って、どこへ出しても恥ずかしくないだけのしつけをする必要があるが、十代後半になったら、あまり親風は吹かせない。そのほうが独立自尊の精神が養われる。そういう考え方だった。

ただし、愛情だけは不足させない。こんな親に育てられれば、子供は悪くなりようがない。こういう育て方のコツは何なのだろうか。

それは親の背中を見せることだ。「子どもは親の言うとおりにはしないが、するようにはする」という。「親の背を見て子は育つ」といわれるが、その通りなのだ。諭吉の子どもたちも両親の生き方をお手本として育ったのだ。親の生き方こそが子育ての最大の教材なのだ。

親の役割はどこまでなのか

子には衣食を授け、
力相応の教育を授け、ソレで沢山だ。

親が子のため犠牲になるのは、いまでも美談である。才能のある子のため、親は自分がしたいことも我慢し、お金を子のために使う。貧しい母子家庭の子が、お金のかかる大学医学部へ進み、立派な医者になったと聞けば、誰もが拍手喝采する。

諭吉は子煩悩だったが、それでも「親は親、子は子」という考え方を崩さなかった。子沢山の諭吉を見て、ある金持ちが教育費の援助を申し出たことがある。

「いまは洋行くらいさせないと……」

インテリ家庭では誰もがそう思っていた時代である。諭吉も同じ考えだった。だから、金持ちから話を持ち込まれたときグラッときた。だが、考えに考えた末に、彼は支援を断った。そのとき彼はこう考えたのだ。

「どうあっても最良の教育を授けなければ、親たる者の義務を果たせないという理屈はない。もしオレの子がオレに金がないために十分な教育を受けられなければ、それはその子の運命だ」

この考え方は見事だと思う。運命というものを意識すると、とかく敗北感を抱きがちだが、この考え方にはそれがない。運命を甘受してなお切り開いていく勇気は、こういう親の態度から生まれるものだ。

親の教育がいちばん大切なのだ

家庭は習慣の学校であり、
父母は習慣の教師である。

教育というと、つい学校や先生に意識がいってしまいがちだが、いちばん大切なのは親の施す教育である。まず親の教育があって、次に学校教育があり、社会に出ては、自ら学ぶ姿勢が求められる。

もっとも影響力があるのは、小さいときの親の教育だ。ある高校の先生が家庭訪問をして、「成績の良い子の家の親は決まってしっかりした親だ」と気づいたという話があるが、そのとおりだろう。

では親は子どもにどんな教育をすればいいか。それは体に覚えさせる教育がまず第一。毎日する習慣を徹底させる。朝起きたときの「おはよう」の挨拶、食事を食べ終わったあとの「ごちそうさま」、出がけの「行ってきます」……すべて毎日の習慣である。

習慣が身についてしまえば、少しも苦ではなくなる。親は子どもに良い習慣をいっぱいつけてほしい。それが家庭教育である。ここで悪いクセをつけてしまうと、子どもは最初は悪気がないから「そういうものだ」と思って育つ。そして、人とのつきあいで失敗する。

人生最初のつまずきは家庭教育からはじまることが多い。

「しつけは押しつけだと思う。挨拶する、お年寄りを敬う、他人に迷惑をかけないなど、人として生きていく上での原則をしつけるのに、論理的な裏付けが必要でしょうか」(畑正憲)

十二、独立自尊

● バランス感覚を失わない

全て物を維持するには、
力の平均なかるべからず。

人間の体には、つねに状態を一定に保とうとする恒常性（ホメオスタシス）という働きがある。塩分を摂り過ぎればのどが渇いて水を要求する。暑ければ汗をかいて気化熱をつくり体温を下げる……そうやって健康体が維持されている。

諭吉の処世術もバランスが取れていた。慶應義塾を始めたのも、教育のバランスを考えてのことだ。江戸時代、三百諸藩が自由に統治し、各藩に藩校があったが、明治新政府になって学校教育も中央集権的になった。

大きな政府の危険性を察知した諭吉は、学問の自由を守るため私学も一定の力を持つべきと考えたのだ。慶應義塾のスタートには、こういうバランス感覚があった。

諭吉は個人的にもバランス感覚がいい。自ら認めているとおり、大酒飲みだった。飲まずにいられない。カネがないときは所持品を売ってまで酒代に替えた。酒には女がつきものだが、彼は酒を呑む代わりに女遊びは一切しなかった。金遣いのバランス感覚である。

悪友どもは何度か宗旨変えさせようと試みたが、一人も成功しなかった。もしも彼が両方やっていたら、啓蒙思想家福澤諭吉は生まれなかっただろう。では、酒がなければもっとよかったか。逆だろう。酒を通じて得た幅広い友人との交際が彼の器を大きくした。どこまでもバランス感覚のよい男だったのだ。

「満足」が足を引っ張る

自分を成長させるためには、
決して満足してしまわないことである。

「足るを知る」も大切なことだが、そこで止まっては人間進歩がない。成長していくためには「これで十分」と安易に満足してはいけない。そのことを、この言葉は言っている。

これは口で言うほど簡単ではない。いつも満足しないでいることは、決して愉快ではないし、健康のためにもよくない。やはりどこかで「これでいいんだ」という満足が必要だ。と言って、そこで満足してしまっては、進歩が止まる。どうすればいいのか。

たとえばここに一軒のお店がある。あなたはそこの経営者である。ずっと赤字続きで苦労したが、なんとか食べていけるところまではこぎつけた。

だが、その状態がずっと続いている。心なしか、少し後退気味だが、なんとか食っていくことはできる。この状態を満足すべきか、あるいは「売上倍増」という新たな目標を掲げるべきか。満足したままでは停滞するから、新たな目標を掲げることは必須だが、下手に冒険して逆に転んではなんにもならない。人間、こういう状況に置かれることはよくある。こんなとき、どんな作戦が考えられるか。

いまの状態に磨きをかけるという形が一番いい。具体的に言えば、今の顧客がさらに満足するようなことを考えるのだ。いたずらに顧客数を増やそうとするより、そのほうがグレードアップしやすい。満足の中に不満足を創りだす。それが進歩というものだ。

知ったら必ず実行する

理屈と行動は
必ず一致させなければならない。

口先ばかりで偉そうなこと、あるいは行動家のようなことを言うが、実際は何もしないという人がけっこういる。人生を思うようにできない人はこの欠点を持っているからかもしれない。一度、自分がそうでないか確かめたほうがいい。

口とは便利なもので、あれこれ立派なことを言っていると、ひと仕事したような気になる。これは大きな落とし穴である。気づかないうちに口先だけの人間になってしまう。

ずい分昔のことだが、一人の経営コンサルタントと親しくしていた。彼は飲食店の開業指導を主な仕事にしていた。自分でも内緒でラーメン店を経営したが、少しもうまくいかず、何店かつぶし、ついにやめてしまった。

だが、コンサルタントの仕事はけっこう繁盛していた。

彼がコンサルタントとしてやって行けたのは、口先だけでなく自分でも実地にやったことが大きい。もし彼の内情を知る者がいたら、「なんだ、自分で店一軒成功させられないのか」と思われただろうが、それは違う。彼は実地にやってそこからも学んでいたからだ。

「知行合一」という考え方が中国にある。王陽明が始めた学派で「陽明学」と呼ばれる。「知って行わないのは、真に知ったことにならない」という考え方だ。道を説くだけの儒学が大きらいだった諭吉の考えはこちらの方に近かった。それを表したのがこの言葉である。

若さにかまけてはいけない

人は老しても無病なる限りは、ただ安閑としてはいられず。

若いとき、老人に接すると「その年齢になれば、もう大きな望みなど持っていないだろう」となんとなく思っていたが、自分がいい年になって気づいたのは、「若いときと気持ちは少しも変わっていない」ことだ。

自分でも驚くほど老いへの自覚がない。年の功で多少の分別はつくようになったが、「枯れる」とか「悟る」というような世界とは無縁の日々。人のことは知らないが、自分はそんな感じの毎日である。

それどころか、若いときにもまして「あれもしたい」「これもまだやってない」という気持ちがふつふつとしてわいてくる。年をとるとかえって欲張りになるようだ。

諭吉も同じような気持ちだったらしい。「人間の欲には際限がないもので、不平はまだまだある」と前置きして、自分の計画を具体的に挙げたりしている。

しかし、高齢になってしまえば、残り時間は少ない。若いうちは「まだ時間がたっぷりある」という気持ちがかえってむだに過ごす時間を増やしてしまう。だが、もちろん、老齢になってから気がつくより、若いうちから気がついていたほうが、より人生は充実するのは間違いない。

「少年老いやすく学成り難し。一寸の光陰軽んずべからず」は心に刻んでおくべきだ。

この覚悟が独立心を養う

人間万事天運にありと覚悟して、
他人の熱に依らぬ。

これは実にすごい言葉だ。人間関係をことのほか重視した諭吉だが、それでも独立自尊の精神は、厳として持っている。この気概あってこその諭吉だ。

「人とはできるだけ交際を広くして、十人並みの付き合いはするが、それで想いが叶わぬときはそれ以上哀願はしない。元に立ち戻ってひとり静かに思いとどまる。つまるところ他人の熱に依らぬというのが私の本願……」

人間は一人で生まれて、一人で死んでいく。もともと孤独な存在だ。孤独な存在だからこそ、人と付き合えるうちは付き合って楽しく過ごす。また、社会のあり方から言っても、現実は一人では暮らせない。だからできるだけ周囲とうまくやる努力をする。しかし、本音の部分では「人に頼らない」ということを覚悟として固く守っていたのである。

何かでうまくいくと、人間はすぐに有頂天になる。諭吉の人生も他人から見れば、大成功者の人生だから、もう少し自慢の言葉があってもいいと思うが、彼にはそれがない。うまくいったのは「時代の巡り合わせがよかったからだ」という程度のことしか言っていない。

この態度は謙虚というものではなく、彼の覚悟が「他人の熱に依らぬ」というところにあったためである。彼がだれとも喧嘩せず、人を殴ったこともなく、「困った」とも言わず、一貫して人を「さんずけ」で呼んだわけも、すべてこの言葉で説明がつく。

他人は自分の鏡と心得る

みだりに人を軽蔑する者は、
必ず人から軽蔑される。

他人と比べて自分のほうが優れた立場にあることがわかると、相手を軽蔑する人が少なくない。たとえば次のような場合である。

「そんなことも知らないのか」

「ろくな学校出てないね」

「英語もろくにしゃべれないのか」

「その年で恋人の一人もいないのか」

「なんだ、派遣なのか」

「そんな安い給料しかもらってないのか」

この種の軽蔑は絶対にやめたほうがいい。上には上があるからだ。あなたより上が必ずいる。したがって、自分より上に出会ったとき、同じことを他人からされる。たとえされなくても、自分自身がそう思ってしまうから、コンプレックスを感じることになる。

だが、給料が安くても、学校出てなくても、恋人がいなくても、そんなことを気にしないで平然と生きている人間は、下手なコンプレックスを感じないですむ。どれだけ生きやすいか。どれだけ人から好かれるか。どれだけチャンスに恵まれるか。

「すべて人間は他人の中に鏡を持っている」（ショーペンハウアー）

他人の自由を奪ってはいけない

人の言論を封じるな。
人の行為を妨害するな。

自分が自由の身でいたければ、他人の自由を奪ってはいけない、ということだ。当たり前のようだが、けっこう守っていない人がいる。

最近批判の的になっているヘイトスピーチがそうだ。ヘイトスピーチは聞き苦しいし、ルール違反だが、批判する側も自分を棚に上げているところがある。

自分たちでは思いっきり言いたいことを言っていながら、やり返されると「ヘイトスピーチだ」と騒ぐ。自分を顧みない。どんな形であれ、人の言論を封じるようなことはしないほうがいい。すれば必ず相手から同じようなことをされる。

積もり積もって言論がだんだん不自由になってくる。マスコミにもヘイトスピーチとしか思えない扱いの記事が見られる。なんとかハラスメントもあまり行き過ぎると、考えものではないだろうか。

最近は「自分が正しければ少々のルール違反は認められる」という風潮も強くなってきているように思える。安保法案反対のデモなどにそういう例がよく見られる。デモは正当な国民の権利だが、公共の場所にテントを張って居続けるのは度が過ぎている。

言論の自由は誰にでも与えられた権利であることを忘れてはいけない。自分に与えられたものは、人にも与えられているのである。

● 天は人の上に人を造らず

学者を誉めるなら、豆腐屋も褒めろ。

諭吉の晩年に、政府のお偉方がやってきて、「これまでの功績を顕彰したい」と申し出たときに、諭吉が言った言葉として伝わっている。

維新後、諭吉のところへ「政府の要人として活躍して欲しい」という要請がたびたびあったが、彼は頑として聞き入れなかった。

「なぜなのか」

その理由を彼はこう述べている。

「役人の仲間になれば、たとい最上の好地位にいても、とにかく空威張りと名付ける醜態を犯さねばならぬ。これが私の性質においてできない」

以前、諭吉にはこんな経験があった。身分制度が廃された後の話である。見知らぬ土地に来て、町人風の男に、腰を低くして道を尋ねた。すると町人は実に横柄な態度で応じた。次に元武士の威厳を保って商人風の男に道を尋ねると、平身低頭して丁寧に教えてくれる。何度繰り返しても、結果は同じだった。

このように人間は風体や態度で人をみる。役人の世界に入れば、イヤでも威張らないと、一部の下の者は言うことを聞かない、と。それが心底きらいな彼は、とうとう官の世界に一度も足を踏み入れなかった。無位無官の一平民を心から望んでいたのだ。

川北義則の名著シリーズ
福澤諭吉　学問のすゝめ

著　者　川　北　義　則
発行者　真　船　美　保　子
発行所　ＫＫロングセラーズ
〒169-0075　東京都新宿区高田馬場2-1-2
電　話　03-3204-5161(代)
http://www.kklong.co.jp

印刷　(株)暁印刷　　製本　(株)難波製本

ISBN978-4-8454-2375-0
Printed In Japan 2015